# 中国名寺

罗哲文　刘文渊　韩桂艳 / 著

百花文艺出版社
BAIHUA LITERATURE AND
ART PUBLISHING HOUSE

**图书在版编目（CIP）数据**

中国名寺 / 罗哲文等著. —天津：百花文艺出版社，2005.1（2010.2 重印）
ISBN 978-7-5306-4328-0

Ⅰ. 中… Ⅱ. 罗… Ⅲ. 寺庙－简介－中国
Ⅳ. K928.75

中国版本图书馆 CIP 数据核字（2005）第 122101 号

百花文艺出版社出版发行
地址：天津市和平区西康路 35 号
邮编：300051
e－mail：bhpubl@ public.tpt.tj.cn
http：//www.bhpubl.com.cn
发行部电话：（022）23332651 邮购部电话：（022）27116746
全国新华书店经销
河北省三河市宏达印刷有限公司印刷
※
开本 787×1092 毫米 1/16 印张 17.5
2006 年 1 月第 1 版 2010 年 2 月第 3 次印刷
印数：8001－11000 册 定价：39.00 元

# 目录 CONTENTS

# 一、佛教寺庙的出现和发展

公元前五六世纪，佛教在古印度诞生。公元前三世纪，印度孔雀王朝的国王阿育王大力推行佛教，使印度佛教步出国门，走向世界。随着中印之间的友好交往，佛教思想逐步传入中国。东汉永平七年（公元64年），明帝刘庄派郎中蔡愔、中郎将秦景、博士弟子王遵等十二人，到西域去取经。经过长途跋涉，汉朝使臣在今天的阿富汗一带，取得了佛像、佛经，并邀请印度高僧竺法兰、摄摩腾一道，于永平十年（公元67年）回到当时的首都洛阳。为了安置两位印度僧人，并为他们提供礼佛、译经和传法的场所，汉明帝下诏，在洛阳雍门外的御道旁，修建了一座佛寺，因来时住在当时政府接待外宾的官署名叫鸿胪寺，而汉朝使臣取得的佛经又是用白马驮回的，于是便被定名为白马寺。这就是我国历史上修建的第一座寺庙。

从洛阳白马寺的诞生到现在，我国佛教寺庙的建筑历史已经将近两千年。在此期间，我国佛教寺庙的建筑发生了很大的变化。在这漫长的历史岁月中，有的寺庙早已灰飞烟灭，有的寺庙屡毁屡建，而新的寺庙也在不断诞生，数量之多，难以胜计。历史文献记载，北魏时期（公元386—534年），全国有佛教寺庙三万多座，仅古都洛阳就有佛教寺庙一千三百六十七座。南朝梁时

(公元502—557年)有佛教寺庙二千八百四十六座。隋朝时,文帝杨坚下令各地都要建寺,那时全国的佛教寺庙达三千九百八十五座。唐朝,太宗李世民曾经下诏,为了追悼阵亡将士,在一些地方也要修建寺庙。今日北京的法源寺(悯忠寺)和陕西长武的昭仁寺等,就是那时修建的。以后,宋、元、明、清各代皇帝,大多推崇佛教,钦命修建的佛教寺庙数量不少。民间修建的佛寺,更是难以胜计。由于战争或自然灾害等原因,其中相当一部分寺庙虽然早已毁坏,但留存到今天的也还不少。许多地方还新修了佛寺,数以千计。

我国佛教寺庙建筑不断发展。从公元一世纪东汉时期第一座佛教寺庙的出现,到公元七世纪的唐朝初期,我国的佛教寺庙主要是以佛塔为中心的廊院式建筑群。

从唐朝开始,我国的佛教寺庙建筑有了很大的变化,已逐步发展成为以佛殿为中心的纵轴式排列、左右对称的建筑群。开始,寺中的佛塔和佛殿并列。继之,佛塔安置在佛殿之后。最后,将佛塔安置在寺外,或者另建塔院。这样,佛殿就逐步成为了佛寺的中心,并逐步发展成为伽蓝七堂的形式:佛殿、法堂、山门等,布列在中轴线上;僧房、库厨橱、西净、浴室等念经、生活场所,布列两旁。但也还有一些佛寺仍然保存了以塔为中心的布局形式,如山西应县佛宫寺等。

我国佛教寺庙建筑的发展,为什么会有这样的变化?究其原因,大约有以下几点。

首先,这是佛教自身发展的需要。佛教寺庙是供佛、礼佛、传播佛教和僧人居住、生活的地方,而最重要的是礼佛、拜佛的场所。由于僧人的正规化和宗教仪式的规范化,进一步促进了我国佛教寺庙建筑的发展和完善。唐朝道宣法师(公元596—667年)写出了《戒访图经》,明确提出了我国佛教建筑以佛殿为中心的图式,对佛寺的布局有很大的影响。

第二,受我国传统建筑形式的影响。我国的宫殿、衙署、府第、住宅,均以殿堂为中心。皇帝登基、大婚、接受群臣朝拜等,在大殿举行。祖先的牌位,也供奉在庙堂中。为了有利于佛教在我国的传播，用我国人民熟悉并接受的殿堂庭院的建筑模式兴修寺庙，便成了佛教寺庙建筑发展的必然趋势。

第三，舍宅为寺、舍宫为寺行为的增多，加快了佛殿作为佛寺中心的进程。随着佛教在我国的广泛传播，达官贵人、富商巨贾和皇室成员，纷纷将自己的王府、住宅或花园捐为寺庙。广州的光孝寺，原为南越王赵陀孙子的住宅、东吴骑都尉虞翻的讲学处，后由虞翻的家人捐为寺庙。登封嵩岳寺，原为北魏宣武帝元恪的离宫，后由其子舍为寺院。漳州的南山寺，原为唐开元年间（公元713—741年）太子太傅、忠顺王陈邕的住宅，后由他舍为寺院。苏州的云岩寺、戒幢寺等，也无不如此。较晚的一个例子，便是北京的雍和宫。它是雍正皇帝将其原来的雍亲王府舍为佛寺的。

此外，还有一个重要的原因，就是信徒们对佛的形象的崇拜较之塔更为亲切。佛寺殿堂为供佛像之所，便逐步的代替了塔的作用。

# 二、佛教寺庙的类型

从上面的介绍中可以得知，我国佛教寺庙建筑的发展过程，就是印度佛教不断中国化的过程。换一句话说，这就是外来文化和中国文化不断结合的过程。可见，印度佛教的传入并不是简单的一成不变的照搬、移植，而是与中国民族传统文化的融合，逐步中国化的结果。

但是，由于我国地域广阔，民族众多，各地的自然环境、历史背景、宗教信仰和民情风俗不同，佛教寺庙建筑的类型也不尽相同。

一般地说，印度佛教传入我国的途径有三条。第一条，从印度经中亚，再通过陆上通道“丝绸之路”传入我国。第二条，从印度、尼泊尔传入我国的西藏和其他地方。第三条，从印度通过斯里兰卡、泰国、缅甸传入我国。

通过第一条途径传入我国的佛教，主要流行于汉族聚居区，人称北传佛教，亦称汉地佛教或汉传佛教。

公元七世纪中叶，唐代文成公主嫁往西藏，与吐蕃王朝赞普松赞干布结婚，文成公主带去了汉传佛教。同时，松赞干布又与尼泊尔的尺尊公主结婚，尺尊公主带去了印度佛教。一百年后，吐蕃赞普赤松德赞又从印度请来了高僧莲花生，莲花生又带去了印度佛教中的密教。汉传佛教、印度佛教与西藏本地原有的宗教苯教相结合，这便产生了藏传佛教。藏传佛教也称喇嘛教，藏语系佛教，主要流行于藏族、蒙古族等聚居区。

通过第三条途径传入我国的佛教，人称南传上座部佛教，亦称小乘教，巴利语系佛教，主要流行于云南省西双版纳傣族自治州、德宏傣族景颇族自治州和保山、临沧等地。信奉者多为傣族、布朗族、德昂族和部分佤族同胞。传入的时间，大约在公元七世纪。

与此相适应，我国的佛教寺庙也可以分为三大类型。第一类为汉传佛教寺庙。这类庙宇数量多、分布广。第二类为藏传佛教寺庙，主要分布在西藏自治区和内蒙古自治区以及青海、甘肃、四川、云南等省。第三类为南传上座部佛教寺庙，主要分布在云南省西南部。

# 三、佛教寺庙的特点

上述三类佛教寺庙，它们都是供奉佛像、存放佛经、举行宗教活动的场所，同时也是僧人们居住、生活的地方。然而，由于它们深受各地传统建筑和地形、气候等影响，在单体建筑和总体布局上，又各自具有明显的特征。

由于深受宫殿、王府、坛庙、住宅等传统建筑模式的影响，汉传佛教寺庙一般都由一组又一组的庭院式建筑组成，中轴线分明，左右对称。寺庙的等级不同，大小不同，寺中庭院的数目也不相同。规模小、等级低的寺院，一般只有一二个庭院。规模大、等级高的一般有四五个以上的庭院。唐代的扶风法门寺，属于皇宫之外的内道场，是一座规模宏大的皇家寺院。其庭院数目，多达二十四个。北京的潭柘寺，历来就是一座重要的全国名刹。因此，它的轴线有左、中、右三条。其庭院也依次布列在三条轴线上。

在汉传佛教寺庙中，单体建筑的种类非常丰富。殿、堂、楼、阁、廊、庑、亭、台等，凡是我国古代建筑中的诸多类型，在汉传佛教寺庙建筑中几乎都有。在这些建筑物中，梁架交错，斗拱支撑，木榫卯接，人字形两面坡，屋面上铺着青瓦、琉璃瓦或者镏金铜瓦，屋脊上还安置了各类装饰品。这是我国古代建筑常常采用的传统模式。

当然，由于受到地形条件的限制，各座汉传佛教寺庙的建筑布局，也并非完全一样。一般来说，修建在平地上的寺庙主要是长方形，主殿排列于中轴线上，配殿位居两侧，总体布局严谨、整齐。修建在山麓或山上的寺庙，大多顺山势布局，殿堂层层递高；主殿位置突出，配殿环列前后或左右。这种寺庙的布局突出了主体，又富于变化。有的寺庙修建在悬崖绝壁上，如山西浑源的悬空寺，远看似空中楼阁。还有的寺庙，跨谷建桥为基，上筑佛殿，如河北井陉福庆寺的桥楼殿，远看似空中彩虹。这些，都是我国汉传佛教寺庙建筑中的特殊类型，也是我国古代建筑的精品和杰作。

藏传佛教寺庙，一般都称为喇嘛庙。这类佛教寺庙又可以分为三种。第一种，汉式建筑的喇嘛庙，如北京的雍和宫、青海乐都的瞿昙寺、山西五台山的罗睺寺等。它们的总体布局，与汉传佛教寺庙没有两样。第二种，汉藏建筑结合式。河北承德普宁寺、普乐寺等，均属于这种建筑形式的喇嘛庙；寺的前部为典型的汉族建筑形式，寺的后部为典型的藏族建筑形式。第三种，为藏式建筑，如拉萨布达拉宫、日喀则扎什伦布寺。但这类寺庙也并非纯藏式建筑，其中也融入了数量不等的汉族建筑形式。由于前两种喇嘛庙在我国的数量不多，在这里我们不做详细介绍。

藏式建筑的喇嘛庙，一般都沿山而建。寺内有大殿、扎仓、康村、拉让、辨经坛、转经道(廊)等建筑。殿堂高低错落，布局灵活。主要建筑大殿、扎仓等，位置突出；其他殿宇，环列周围。远远望去，给人以屋包山的感觉。寺庙周围，环以高大的围墙，状似城堡。

藏式喇嘛庙中的殿堂，一般都为碉房式建筑：木柱支撑；重檐平顶；墙壁厚实高大，剖面呈梯形，外开窗户或设盲窗，横向有装饰。大殿中的立柱，从地面直贯到顶。殿内为空筒形，可安置高大的佛像。殿内四周回廊重重，有楼梯可通。殿顶为天井式，可以采光。这是藏式佛殿建筑的重要特征。

扎仓就是经学院，是喇嘛们研修佛经和学习其他知识的场所。喇嘛庙的等级、规模不同，扎仓的数目差别很大，有的只有一两个，有的却多达五六个。

位列喇嘛教黄教六大寺院之一的甘肃夏河拉卜伦寺，就有扎仓六个。其中，学修显宗的扎仓一个，学修密宗的扎仓两个，学修天文、医药和法事的扎仓各一个。

南传上座部佛教(小乘教)寺庙，深受汉族建筑，泰、缅建筑和傣族民居建筑的影响，有宫殿式、干阑式和宫殿干阑结合式三种。因为小乘教只认释迦牟尼为佛，寺庙建筑便以佛塔和释迦牟尼佛像为中心，因此，大殿或塔是寺的中心，僧舍等环列周围。小乘教地区的寺庙数量很多，几乎村村有寺，寨寨有塔。殿堂内外装饰华丽，色彩鲜艳夺目。在蓝天、白云和绿树的掩映下，造型灵巧美观的南传上座部佛教寺庙，给人以超凡脱俗之感，引人注目。

上述三类佛教寺庙，虽然它们各有特色，但是，它们都是宗教建筑，院校建筑和生活建筑的结合体，而且结合得如此完好，如此巧妙，这在我国古代建筑的众多类型中，是独树一帜的。

# 四、古代建筑和艺术的宝库

佛教寺庙是我国珍藏丰富的古代建筑艺术宝库。由于我国的古代建筑以木结构为主，同砖、石等建筑材料相比，木料容易糟朽，容易受虫蛀，更容易被大火烧毁。因此，我国的历代古建筑数量虽然不少，但保存到今天的却为数不多。现在保存时间最早的唐代南禅寺大殿（建于公元782年）、位居第二的唐代佛光寺东大殿（建于公元857年），均保存在佛教寺庙中。此外，还有许多宋、辽、金、元时期的古建筑代表作，在佛教寺庙中也能找到。河北正定隆兴寺的摩尼殿、浙江宁波的保国寺大殿、河南登封少林寺初祖庵大殿、湖北当阳玉泉寺大雄宝殿等，为宋代建筑。天津蓟县独乐寺的山门、观音阁，辽宁义县奉国寺大雄宝殿，山西大同华严寺薄伽教藏殿，大同善化寺大雄宝殿等，为辽代建筑。华严寺的大雄宝殿，善化寺的山门、三圣殿、普贤阁，山西朔州崇福寺的弥陀殿、观音殿，河南汝州风穴寺的中佛殿等，为金代建筑。山西平遥镇国寺天王殿、上海嘉定真如寺大殿、苏州云岩寺断梁殿等，为元代建筑。明代建筑和清代建筑，完好地或比较完好地保存到今天的，其数目就更多了。北京的智化寺、四川平武的报恩寺、青海乐都的瞿昙寺等，是明代建筑中的代表。北京的雍和宫、河北承德的普宁寺、普乐寺等，则是清代建筑的典型。由此可见,我国的佛教寺庙就是一座我国古代建筑历史的博物馆。

在佛教寺庙中,还有许多建筑精品,一直受到人们的称赞。就建筑与环境而言,广西贵县的南山寺,把自然的山、洞和殿堂建筑巧妙地结为一体。安徽九华山的百岁宫,把天然岩石当作了大殿的墙壁和地基。山西浑源的悬空寺,又把殿堂牢固地建造在悬崖绝壁上。巧妙地利用山形地势,使寺院的建筑既体现了浓烈的宗教思想,又使它的总体布局在严谨中具有几分灵活,使人工建筑和自然环境巧妙地融为一体,这是我国佛寺建筑中一个显著特征,也体现了我国古代建筑艺术的高超水平。大同华严寺薄伽教藏殿中的"天宫楼阁",云南安宁曹溪寺大殿中的"天涵宝月",青海乐都瞿昙寺隆国殿中的泉神堂,以及福建泉州开元寺大雄宝殿中身入立柱、头顶横梁的二十四尊飞天仙女的结构等,都是我国古代建筑中难见的杰作。此外,我国现存最大的铜殿,在五台山显通寺内;我国现存最大的无梁殿,在南京灵谷寺内。可以位居全国第一的铁塔、石塔、陶塔、金刚宝座塔等,也都无不在佛教寺庙中。而能够体现佛家宇宙观的建筑,如西藏扎囊的桑耶寺、河北承德普宁寺的大乘之阁等,更是为佛教寺庙所独有。所以,佛教寺庙不但是我国古代建筑艺术的宝库,更是建筑精品的荟萃之所。

佛教寺庙是我国古代雕塑艺术的宝库。作为宗教活动的场所,佛教寺庙中的佛像、菩萨像、罗汉像、天王像、力士像、供养人像等,数量不少。这些神像,从唐代至清代的都有;有木雕的、石雕的、砖雕的、泥塑的,也有用铜、铁、金、银等铸造的,种类繁多。圆雕、浮雕、镂雕等技艺,无不应用在神像的制作中。在这里,有佛教人物形象,也有人情味十足的水月观音像、合掌露齿菩萨像与活泼可爱表现了人生百态的罗汉像。同时,在南禅寺和佛光寺中,有唐代的彩色泥塑像。在平遥镇国寺,有五代留下的泥塑佛像。在义县奉国寺、大同华严寺,有辽代泥塑神像。在大同善化寺,有金代的泥塑神像。长清灵岩寺、吴江保圣寺、长子法兴寺中的宋代泥塑神像,和重庆罗汉寺中宋代石刻的佛像、菩萨像和罗汉像,都是古代雕塑中的杰作。平遥双林寺,集中了古代彩色泥塑作品二千多件，十分可贵。开封相国寺的木雕千手千眼观音像，苏州戒幢寺、武汉归元寺、新都宝光寺、昆明筇竹寺、北京碧云寺等中的五百罗汉像，早已闻名海内外。全国最大的石雕佛像(乐山大佛)、铜铸佛像(扎什伦布寺强巴佛像)、泥塑卧佛像(张掖宏仁寺木胎泥卧佛)、铜铸卧佛像(北京卧佛寺)、木雕佛像(北京雍和宫)、木雕菩萨像(承德普宁寺观音像)、泥塑菩萨像(蓟县独乐寺观音像)等，均为我国古代雕塑艺术中的上乘之作。以湟中塔尔寺为代表的喇嘛教寺庙中的酥油花，则是我国雕塑艺术中的一个稀有品种——油塑，更为可贵。

佛教寺庙也是我国古代绘画艺术的宝库。绘画，是人们传播佛教的一种手段。在寺庙中有布画(如唐卡)，有堆绣，但更多的却是壁画。在西藏、青海、甘肃等地的喇嘛庙中，满墙满壁都是画，几乎没有一点空隙。这些壁画，从唐至清，各代均有。北京法海寺、四川平武报恩寺、河南登封少林寺、青海乐都瞿昙寺等中的明代壁画，蓟县独乐寺、繁峙岩山寺中的金代壁画等，早已闻名全国。而五台山佛光寺东大殿中的唐代壁画，虽然只有十多平方米，但却非常珍贵。在这些壁画中，除了佛教故事、神话故事、历史故事等题材之外，还有许许多多反映世俗生活的内容，如水神庙元代壁画中的《卖鱼图》、《下棋图》、《打球图》、《元代杂剧图》，岩山寺金代壁画中的《水磨图》，以及拉萨布达拉宫壁画中的寺庙修建图等，也都反映了当时的社会生活，非常难得。

此外，我国佛教寺庙中珍藏的其他文物也不少。扶风法门寺中的佛指骨舍利，北京灵光寺中的佛牙舍利，正定隆兴寺中的《龙藏寺碑》，黑龙江宁安兴隆寺中的渤海国石灯塔等，都是属于世界一流或全国一流的文物。至于其他的金、银、珠宝、法器、供器，历代皇帝赐给的金印、玉印、经书、盔甲和匾额等，也都是文物中的极品。法门寺地宫中保存的两面十二环金花银锡杖，更是前所未有的瑰宝。

# 五、现存重要佛教寺庙

我国现存的佛教寺庙为数甚多。有重大历史、艺术、科学价值的佛寺，已列入国家和省、自治区、直辖市重点文物保护的佛寺，也为数不少。这里所选的只是其中的一少部分。佛教的内容更非我们所能阐述。不当之处敬请指正。

# 华北东北地区

## 北京广济寺

在北京市阜成门内大街东口北侧。这里是中国佛教协会的所在地。寺内保存着唐、宋、元、明、清时期的许多珍贵文物，引人注目。

广济寺始建于金代，初名西刘村寺。元代改建。元末毁于火。明代天顺元年（公元1457年）重建，更名为弘慈广济寺。明代成化二年（公元1466年）、万历十二年（公元1584年）、清康熙三十三年（公元1694年）、民国十三年（公元1924年），曾先后扩建。1924年，正式更名为敕建弘慈广济寺。1934年，寺内的正殿和后殿，再次被火烧毁，次年重建。1952年、1972年，人民政府拨出专款，对广济寺进行了大修。中国佛教协会在1952年成立后，其办公地点就设在这里。

广济寺的建筑布局严谨整齐，中轴线分明。其主体建筑有：山门、天王殿、大雄殿、观音殿（圆通殿）、藏经阁（舍利阁）等。钟楼、鼓楼和东西配殿，分列两侧。

北京广济寺内珍藏佛教文物非常之多。其中，除大雄殿前的五座明、清石碑外，大雄殿内的明代铜铸三世佛像、十八罗汉像，藏经阁和观音殿内宋代画家马和之的《文殊问疾图》、五代（公元907—960年）刻印的《金光明经》残卷、金明昌年间（公元1190—1195年）绘制的观音像、元代铜铸的自在观音

北京广济寺山门

像、明代木雕大悲观音像、多罗菩萨脱沙像等，都很珍贵。东侧图书馆内保存的唐、宋、元、明、清的写本佛经、宋刻经论，以及僧众用血、金粉、金银粉书写的佛经以及数万张云居寺的石金拓片，都是不可多得的珍贵佛教文物。大雄殿后壁上的指画《胜果妙音图》，是清代画家傅雯的作品，亦很生动。

# 北京雍和宫

在北京市东城区雍和宫大街东侧，与著名的国子监遥遥相对。这是北京城内最大的一座喇嘛庙。在清朝，管理全国喇嘛教事务的机关印务处，就设在这里。宫内珍贵文物很多，其中迈达拉（弥勒）佛木雕像、五百罗汉山、照佛楼佛龛，被称为雍和宫的木雕“三绝”。1961年，国务院把它列为全国重点文物保护单位。

在清朝康熙年间（公元1662—1722年）这里是雍亲王府，是康熙第四子、雍亲王胤禛的官邸。雍正元年（公元1723年）胤禛继承了皇位，他当亲王时居住过的官邸，便按规定改成了寺院和行宫，并被定名为雍和宫。乾隆九年（公元1744年），弘历皇帝根据母亲、雍正皇后钮祜禄氏的旨意，将雍和宫正式定为喇嘛庙。以后人们对雍和宫的各类建筑进行了多次维修，特别是1950年、1952年、1979年的三次大修，使雍和宫恢复了昔日的辉煌。

雍和宫是一处将王府建筑和宗教建筑、汉式建筑和藏式建筑巧妙地融合在一起的古代建筑群。宫前的广场和牌楼，体现了当年王府的威严。宫东的花园，也表现了王府的高贵和显赫。在雍和宫的中轴线上，从前往后，依次布列着主体建筑天王殿（雍和门）、雍和宫殿（大殿，又叫师祖殿）、永佑殿、法轮殿和万佛阁。讲经殿、密宗殿、数学殿、药师殿、戒坛楼、班禅楼、永康阁、延

北京雍和宫　万福阁

缕阁等配殿，整齐地排列于两侧。此外，雍和宫内还有钟楼、鼓楼、御碑亭等建筑。

永佑殿原是雍亲王的寝宫，现殿内正中供着三尊高二点三五米的白檀木雕佛像，中为长寿佛（即无量寿佛），左为药师佛，右为狮吼佛。在殿内的东边墙上，挂着一幅白度母画像。在殿内西边墙上，挂着一幅绿度母补绣像。这幅补绣像长两米，宽一米多，是乾隆皇帝的母亲孝圣宪皇后钮祜禄氏为丈夫雍正皇帝超度亡灵、也为自己祈福，用了一年多的时间和七千多块色泽不一的锦缎补绣而成的，极为精细。

法轮殿是喇嘛们举行法事活动的场所。殿内正中供着喇嘛教黄教始祖宗喀巴大师的铜铸像，高六点零一米。宗喀巴铜像后面的背光上，有五幅宗喀巴的化身像。再北，有用紫檀木雕成的五百罗汉山。这件紫檀木的雕像，高五米，长三米，厚约三十厘米，山峦起伏，怪石嶙峋，松柏古塔交映。山上的五百个罗汉，高约十厘米，是用金、银、铜、铁、锡五种金属制成的。罗汉或坐或卧，或立或行，形态生动。殿西墙下，有《大藏经》一百零八部。殿东墙下，有《续藏经》二百零七部。殿内还陈列有两部乾隆皇帝亲笔抄写的金字经书——《大白伞盖仪轨经》和《药师经》。东西两面墙壁上，还绘有色彩绚丽的壁画，描述了释迦牟尼的部分传教史绩。此外，在宗喀巴像背后，还陈列着一个鱼龙变化盆，据说这是乾隆皇帝出生后三天时洗澡用过的，所以又称洗三盆。

万福阁是雍和宫中轴线上最后一重大殿。阁内有一尊高二十六米（地上十八米，地下八米）的木雕迈达拉佛像（也称弥勒佛）。这尊佛像，过去传说是用一整棵白檀木雕刻成的。这棵白檀木，是西藏七世达赖喇嘛送给乾隆皇帝的礼物。乾隆皇帝又派人搭上芦苇棚，用了三年时间，于乾隆十五年（公元1750年）才雕成了这座佛像。佛像的一根手指，就有成人的大腿那么粗；佛身

北京雍和宫大佛

北京雍和宫宗喀巴铜像

北京雍和宫壁画

上披的一件袈裟，就用去了黄缎五千多尺；游人至此，需仰视才能见到佛的面孔。

雍和宫最北的东厢房，过去是乾隆皇帝的母亲孝圣宪皇后钮祜禄氏供佛念经的佛堂，叫做照佛楼。据说，佛祖释迦牟尼要上天给母亲讲经，弟子要将他的影像留下，便请他站在水边。由于大家尊崇他，不敢直视，画师只能照佛祖在水中的影像来画。这样，佛祖的画像连水纹也画上了。以后，人们便照画雕像，这就叫做照佛。据说，第一尊照佛是用旃檀木雕成的，照佛也就因此而叫旃檀佛。雍和宫照佛楼里供的佛像，并不是旃檀木雕刻的，而是铜铸的，高二米多，水纹衣环绕身躯，系元代遗物，是人们从什刹海中打捞出来的。过去，佛像头上还戴着钮祜禄氏命人用七成金打制成的一顶五佛冠，冠座上立着五尊释迦牟尼佛像，分别代表着东、西、南、北、中五个方向；佛像额上有一颗毫光珠，佛顶上还罩着一把金伞，可惜这些宝物均在解放前先后被盗了。佛像背后的佛龛，是用金丝楠木雕刻成的。整个佛龛分内外三层，上下左右布满云水图案，上面有用透雕手法刻出的金色蟠龙九十九条，扶摇翻滚，栩栩如生。

在天王殿后，有一座重檐四角形的御碑亭。御碑亭又称四体文碑亭。亭内石碑立于乾隆五十七年（公元1792年）。碑文为乾隆撰写的《喇嘛说》，用满、汉、蒙、藏四种文字书写，记述了喇嘛教的来源。

御碑亭后，是一个搁置在汉白玉石座上的小小石池，池内有一件明朝万历年间（公元1573—1619年）铸造的铜制品，这就是须弥山。须弥山形象地再现了佛祖对世界的看法，即佛教宇宙观。须弥山的最下层为风轮，上为水轮，再上为地轮（即金轮），再上是九山八海，山海之间就是须弥山。须弥山的下部分七层，山水交错；中部为平原和山峦，是人类生活的地方；再上，东南西北四方各有一排殿宇，代表着东胜神洲、南瞻部洲、西牛贺洲、北俱卢洲，是四大天王居住的地方，山顶有一座小坛城，这便是天堂，是诸天王的居住地。坛城的下部，代表宇宙空间，数百颗星宿有规则地排列其间。据说，这些星座的标记和分布，与现代天文学的研究成果大体相符。这也是雍和宫内的一件十分珍贵的文物。

# 北京法源寺

在北京市宣武区牛街东面的法源寺街，是北京城内新修的时间最早的一座佛教寺庙。中国佛学院、中国佛教图书文物馆，均设在这里。

法源寺始建于唐贞观十九年(公元645年)至武则天万岁通天元年(696年)，初名悯忠寺。安史之乱时，更名为顺天寺。中和二年(公元882年)，寺被火毁，后重建。五代时(公元907—960年)改为尼庵。明正统二年(公元1437年)大修，改名为崇福寺。清雍正十二年(公元1734年)改建，更名为法源寺。1958年、1980年两度大修，使寺院殿堂再复旧颜。

法源寺建筑布局严谨。中轴线上的重要建筑有：山门、天王殿、大雄宝殿、悯忠台、毗卢殿、大悲坛和藏经阁等。东西两侧，还有寮房数百间。

法源寺不但历史悠久，殿堂宏阔，而且寺内保存的佛教文物也非常丰富。在大雄宝殿内，有明代塑造的释迦牟尼佛像，文殊、普贤菩萨像，清代木雕十八罗汉像。在大悲坛内，陈列着唐、五代、宋、元、明、清各代留下的佛经、贝叶经，以及用西夏文、藏文、蒙文、傣文书写的佛经。在藏经阁内，有元代铸造的青铜观音像，唐代和元代石雕佛像，以及金代留下的木雕菩萨像。在毗卢殿内，有一尊高达五米的五方佛铜像。这尊铜像铸造于明代，分三层：下层为千叶莲瓣，每瓣一佛；中层为东、南、西、北四方佛像；顶层为毗卢佛。寺内

北京法源寺悯忠台

北京法源寺大雄宝殿

最值得一看的还是悯忠台。

悯忠台初名观音阁，也叫悯忠阁，建于唐中和年间（公元881—884年）。原阁七间三层，后毁，并重建了悯忠台。现为碑刻和经幢陈列室。其中著名者有：唐御史大夫史思明建、参军苏灵芝书的《无垢净光宝塔颂碑》，唐景福元年（公元892年）刻立的《唐悯忠寺重藏舍利记碑》，以及辽碑、金碑和清碑等。

法源寺内的古树享誉京华。在这里除白皮松、古银杏外，其丁香与崇效寺的牡丹、大觉寺的玉兰齐名。

# 北京智化寺

位于北京市东城区禄米仓东口北侧。这是北京市保存最为完整的一处明代木结构建筑群。寺内流传至今的佛教音乐——京音乐，堪称该寺的一绝。1961年，国务院将它列为全国重点文物保护单位。

智化寺始建于明代正统八年(公元1443年)。这是当时的权臣、司礼监太监王振为自己修建的家庙，明英宗朱祁镇敕名为报国智化寺。天顺元年(公元1457年)，人们又在寺内为王振修建了精忠祠，并塑王振像一尊。清康熙年间(公元1662—1722年)，智化寺得以重建。乾隆七年（公元1742年)，人们毁掉了王振塑像，磨去了为王振歌功颂德的碑文。1949年后，对智化寺进行了多次维修，使之保持了往日的风貌。

北京智化寺藻井(抗战前被盗卖,现存美国)

智化寺的现存重要建筑有山门、智化门、智化殿、藏殿、大智殿、如来

北京智化寺智化殿

殿和钟楼、鼓楼等。独特之处，在于屋面上铺着黑色琉璃瓦，很为庄重。

藏殿内有木制的八面形转轮藏一具。转轮藏放置在汉白玉石雕成的须弥座上。藏橱上用浮雕手法，雕刻了金翅鸟、神人、龙女、狮兽等，图案精美，是明代留下的艺术珍品。

智化寺内，还收藏着全国仅有的《龙藏》经版。《龙藏》经版始刻于清雍正十一年（公元1733年），完工于乾隆三年（公元1738年），共有刻版二万九千零三十六块，佛经一千六百七十五部，七千二百四十卷，六千七百多万字，是宋代《开宝藏》之后的最后一部官刻经版。

《大宝积经》等三部经书，是我国在1986年首次发现的元代藏经，是全国的孤本。

智化寺音乐又称京音乐，是闻名海内外的佛教音乐，堪称智化寺的一绝。

北京智化寺壁画

北京智化寺山门

京音乐原流行于民间，宋代时进入宫廷，到了明代，大太监王振把京音乐从宫廷中引了出来，并在自己的家庙智化寺中演奏。由于智化寺的艺僧传授有方，作为宫廷音乐的京音乐已经失传，而作为寺庙（佛教）音乐的京音乐，却一直流传到今天。

## 北京觉生寺(大钟寺)

俗称大钟寺,在北京市北三环路西段北侧。寺内因保存着一口闻名于世的永乐大铜钟而享誉海内外,被辟为古钟博物馆。1996年,国务院将其列为全国重点文物保护单位。

觉生寺始建于清雍正十二年(公元1734年)。以后屡经维修,殿堂等建筑保存完好。

觉生寺占地面积三万八千多平方米,建筑面积三千七百平方米。主要建筑有山门、天王殿、大雄宝殿、观音殿、藏经楼和大钟楼等。此外,寺内还有东西廊房以及钟楼、鼓楼等。

大钟楼位于寺院的后部,高二十米,上圆下方,四周均有窗棂,内有旋梯,可以上下。横梁上挂着清朝皇帝乾隆亲笔题写的匾额"华严觉海"。钟楼内悬挂的那口大铜钟,因镌刻有《华严经》,又称华严钟;因其铸造于明朝永乐年间(公元1403—1424年),所以又叫永乐大钟。

北京觉生寺永乐大钟

北京觉生寺永乐大钟铭刻

北京觉生寺钟楼

大钟高六点七五米，钟口最大直径三点三米，钟唇厚十八点五厘米，重四十六点五吨。经统计，钟上刻有汉文经典八部、汉文咒语八项，计有汉文佛教铭文二十二万五千九百三十九字，梵文佛教铭文四千二百四十五字，总计二十三万零一百八十四字。这些汉字字迹工整，据说是明代大学士、著名书法家沈度的手笔。

据说，这口永乐大钟是由当时的国师姚广孝监督制造的，经用现代技术分析说明，这口大钟铸造科学，既无砂眼，更无裂纹；钟内含有铜、锡、铅、锌、铁、镁、硅等，且各种元素比例合理；大钟的声波达一百二十分贝，低音频率丰富，钟声不但圆润悦耳，而且穿透力很强，声音可传到四五十公里以外，余音可绵延一分钟以上，堪称古钟上乘之作。

1985年10月，大钟寺古钟博物馆正式成立。四百余件古代编钟、乐钟、道钟、佛钟等，一一展现在观众面前。墙上和钟旁的图片与文字，向人们述说着我国古钟的发展历史。

# 北京卧佛寺

正名叫做十方普觉寺，在北京西郊寿安山麓。寺内供奉着一尊体量巨大的铜铸卧佛，遐迩闻名。

此寺始建于唐代贞观年间（公元627—650年），初名兜率寺。元至治年间（公元1321—1323年）重建，改名为寿安山寺。元至顺二年（公元1331年）续建，更名为大昭孝寺。后又改名洪庆寺。明宣德、正统年间（公元1426—1449年）重建，更名为寿安禅林。成化年间（公元1465—1487年）增修延寿舍利塔。崇祯年间（公元1628—1643年）更名为永安寺。清雍正十二年（公元1734年）改称十方普觉寺，直到今天。因寺中有一尊巨大的铜卧佛，俗称卧佛寺，并以此名广泛流传。

卧佛寺的建筑具有宗教和园林两重特征。中轴线上的主要建筑有山门、天王殿、三世佛殿和卧佛殿。钟楼、鼓楼和东西两路院落分列左右。西路有行宫院三重，东路有霁月轩等景点建筑，卧佛殿之后依山布局风景小区，使卧佛寺具有浓厚的园林气氛。

面积达一百九十六平方米的卧佛殿，是全寺的中心建筑。殿前有慈禧太后书写的“性月恒明”匾。殿内有乾隆皇帝题写的“得大自在”匾。在横匾之下，躺着一尊长五米、重五十四吨的铜卧佛像。这尊卧佛铸造于元代至治元

北京卧佛寺元代铜卧佛

北京卧佛寺大殿

年（公元1321年），十分珍贵。卧佛的背后和两侧，分立着十二圆觉像，再现了释迦牟尼圆寂前向弟子们嘱咐后事的情景。殿前，还植有娑罗树两棵，仿造了释迦牟尼圆寂时的环境。

## 北京碧云寺

位于北京西郊香山东麓。寺内拥有全国最大的金刚宝座塔，声名远播。

碧云寺始建于元代，初名碧云庵。明正德年间（公元1506—1521年）扩建，太监于经还在寺后修了一座死后埋藏自己的生圹，改名于公寺。天启三年（公元1623年）扩建。清乾隆十三年（公元1748年）重修，并在太监生圹处修筑金刚宝座塔，在寺右修五百罗汉堂，寺左修建行宫。这就是我们今天看到的碧云寺。

北京碧云寺石牌坊雕刻

碧云寺依山而建。山门、天王殿（弥勒殿）、大殿（释迦牟尼殿）、菩萨殿、普明妙觉殿（中山纪念堂）、塔院等建筑层层增高。罗汉堂和行宫院，依然分列左右。山门前的一对明代石狮，为碧云寺增加了雄伟的气势。

北京碧云寺天王殿内古树庭院

北京碧云寺水泉院

北京碧云寺俯瞰

碧云寺的金刚宝座塔用汉白玉石砌筑，高三十四点七米。塔基两重，中辟券洞，洞内设有石阶，可以上达。塔基上建十三层密檐式塔五座。中间一座高大，四隅的四座较小。从塔基至塔顶，刻满了佛像和各种花纹，精致美观。在塔的基部有孙中山衣冠冢。1929年，当孙中山先生的灵柩移往南京后，便将他的衣冠封埋于此。

罗汉堂是一处田字形的建筑物。堂中塑有罗汉五百尊，接引佛、过去佛、现在佛、未来佛、地藏菩萨、韦陀、疯僧像各一尊，再加上梁上蹲着的一尊济公和尚像，共有塑像五百零八尊。乾隆皇帝笃信佛教，并认为自己的修行已经达到了一定的程度。据说，罗汉堂中第四百四十四号罗汉，顶盔贯甲，就是乾隆的罗汉像。

# 北京法海寺

位于北京市石景山区模式口村的翠微山麓。寺内拥有保存完好的明代壁画，全国驰名。1988年，国务院将它列为全国重点文物保护单位。

法海寺始建于明正统四年至八年（公元1439—1443年）。弘治十七年（公元1504年）至正德九年（公元1514年）大修。作为一座皇家寺院，当年的法海寺规模宏大，殿堂雄伟，壁画琳琅满目。经过五百多年的历史沧桑，法海寺的许多重要建筑如伽蓝殿、四大天王殿、护法金刚殿、药师殿、祖师二堂等均已毁坏，现仅存山门、钟楼、鼓楼和大雄宝殿等建筑，壁画也仅存大雄宝殿中的九幅。

大雄宝殿中的明代壁画，分布在佛像坐龛、十八罗汉背后的墙壁和北墙门左右两侧的墙壁上。

北墙门两侧的壁画，名叫《帝释梵天护法礼佛图》。画面上有天帝、天后、天龙八部、侍女等三十六人，其间点缀着祥云、佛光和花草。画面生动，人物三五成群，左顾右盼，神态自然。天帝形象高大，长达两米的衣纹一笔呵成，潇洒飘逸，令人称奇。

佛像坐龛后的三幅壁画，分别为水月观音、文殊菩萨和普贤菩萨。其中，以水月观音画得最好。观音肩披轻纱，上身半裸，胸挂缨络，眉清目秀，屈右

北京法海寺大殿

北京法海寺天王殿

北京法海寺壁画《飞天》

腿，盘左腿，慈祥而又端庄。画面上的善财童子，韦陀、鹦鹉、绿竹、净水瓶等，也画得非常逼真、生动。

法海寺中的壁画，是广大民间艺人，采用朱砂、石黄、石青等矿物颜料，运用叠晕，烘染，描金、沥粉贴金等手法创作出来的，颜色不但经久不败，而且线条流畅，各种人物、动物、植物形态鲜明，富有很强的艺术感染力。这些壁画在我国古代绘画史上占有重要一席。

此外，大雄宝殿内的藻井，殿前高达二米的铜钟，以及供桌、法器等，都是法海寺中很有价值的佛教文物，值得细看。

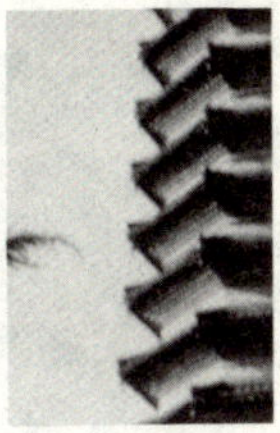

# 北京灵光寺

位于首都西郊的西山，是著名风景区八大处的第二处。寺内佛牙舍利塔中供奉的释迦牟尼佛的一颗灵牙舍利，为佛教圣物，享誉世界。

灵光寺始建于唐代大历年间（公元766—779年），初名龙泉寺。辽咸雍七年（公元1071年），在寺内增修招仙塔一座。金大定二年（公元1162年）重修寺院，并更名为觉山寺。明宣德（公元1426—1435年）、成化（公元1465—1488年）年间重修，改名为灵光寺。1900年，八国联军入侵北京，放火烧毁了寺内殿堂，用大炮轰毁了招仙塔。1949年以后，人民政府拨款重建了部分建筑，并于1958—1964年营建了佛牙舍利塔。

佛牙舍利塔是一座密檐式砖石塔，高五十一米。塔基用汉白玉石砌成。塔刹为覆钵式喇嘛塔形，上置镏金宝顶。塔身内有七层殿堂。上六层存有汉、藏、蒙、傣等文的经书、佛像和法器。佛牙舍利，就供奉在塔身第一室内的七宝金塔中。

据说，佛祖释迦牟尼圆寂后，有两颗灵牙舍利留在人间。其中，一颗传到斯里兰卡，一颗传入中国。传入中国的那颗佛牙舍利，南北朝时经新疆传到南京，隋朝传到长安，五代时传到北京，辽代时建塔供奉。1900年塔被轰毁后，寺僧在残砖断瓦中找到一个石函，函内有一个沉香木匣，函上刻有文字：

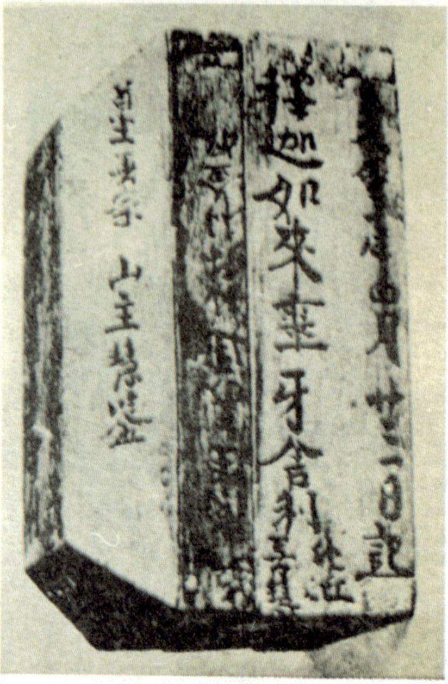

北京灵光寺佛牙塔之辽代灵牙舍利匣

北京灵光寺佛牙塔

“释迦佛灵牙舍利　天会七年四月二十三日记　善想书”。天会是北汉年号。天会七年为公元963年，也是辽应历十三年。可见，这颗佛牙当是真物，十分可贵。1955年，中国佛教协会将其供奉在北京广济寺舍利阁内。同年，缅甸佛教僧众将它迎到该国，供奉八个月后送回。

# 北京潭柘寺

正名叫做岫云禅寺，位于北京西郊潭柘山宝珠峰麓，离市区约四十公里。此寺以历史悠久、香火旺盛、古迹文物众多闻名于世。

潭柘寺始建于晋代（公元265—316年），初名嘉福寺，唐代改名为龙泉寺。金皇统年间（公元1141—1149年）改名为大万寿寺。明天顺元年（公元1457年）复名嘉福寺。清康熙年间（公元1662—1722年）大修。康熙三十一年（公元1692年）更名为岫云禅寺。因为寺后有龙潭，寺旁有柘树，俗称潭柘寺，并以此名传播天下。

北京潭柘寺大雄宝殿

潭柘寺依山而建。建筑布局严谨而又富于变化。全寺分中路、东路和西路三大部分。山门、天王殿、大雄宝殿、毗卢阁等主

北京潭柘寺天王殿

北京潭柘寺山门

北京潭柘寺后院及藏经楼

体建筑，布列于中路。梨树院、写经室、戒坛、大悲坛、观音殿等组成的佛殿院落，布列于西路。方丈院、延清阁、万岁宫、太后宫等行宫庭院，布列于东路。这些建筑多为明、清遗物。

潭柘寺中的古迹文物和名木古树远近知名。公元十三世纪，元世祖忽必烈的女儿妙严公主曾在此出家，住在观音殿内。在她礼佛时长期站立的方砖上留下了一对深深的脚印，人称拜砖。现砖的复制品，仍陈列于寺内。龙王殿前的一条石鱼，长近两米，重一百五十斤，敲击时能发出动听的声音。这是元代的遗物。据说它是龙宫一宝。鱼身上划分出十三个部位，代表元朝全国的十三个地区。哪一个地区干旱，敲击鱼身的相应部位便可下雨。现悬挂着的石鱼，亦为复制品。此外，天王殿前的一口大铜粥锅，毗卢阁前辽代种植的银杏树——帝王树，东路行宫院里的流碑亭和奇竹金镶玉、玉镶金，以及寺后二里处的泉水和龙潭，山门外种植的柘树等，长期以来都引人注目。

# 北京戒台寺

位于北京西郊马鞍山麓，离城区三十五公里。这是我国北方一座著名的佛教律宗寺院。1996年，国务院把它列为全国重点文物保护单位。

戒台寺始于唐武德五年（公元622年），初名慧聚寺。辽咸雍五年（公元1069年），法均大师在此设台传戒。元末，寺被火毁。明宣德九年（1434年）重建。正统十三年（公元1448年），改名为万寿寺。清康熙、乾隆年间两度大修，寺名仍叫万寿寺，但因寺中设有戒台，人们便把它叫做戒台寺。1949年以后，进行了多次维修，古寺面貌焕然一新。

戒台寺坐西朝东。中轴线上的重要建筑山门、天王殿、大雄宝殿、千佛阁、观音殿等，顺势修建，层层递高。钟楼、鼓楼、北行宫院、伽蓝殿、祖师殿等分列两侧，千佛阁、祖师殿、伽蓝殿等早已毁坏，其余建筑，早已维修、油漆一新。

著名的戒台在寺院西北角的戒台殿内。戒台殿高二十米，平面为正方形。屋顶为四面坡形，正中设一小平台，台的中央和四角各立金色小顶一座，构成一个五塔形，状似金刚宝座。殿内的正方形戒台为汉白玉石砌筑，总高三点五米。台分三层：底层长、宽均为二十三米，高一点五米；二层高一米；三层高零点九米。每层均辟石龛洞，底层四十九个，中层三十六个，上层二十八

北京戒台寺戒坛殿

北京戒台寺松抱塔

北京戒台寺戒坛

个，共计一百一十三个。在这些龛洞中，过去均置有佛像。在顶层之上，原有一座高三米的莲台，上供释迦牟尼坐像。明代时还有沉香木椅十把，这是传戒时三师七证的座位。戒台四周还立有戒神像，现多已不存。在殿外，还有明代铜鼎一座、辽代石幢两座、元代石幢一座，以及优波离殿等文物和古建筑。

戒台寺里的古松很有名。戒台院前的抱塔松、九龙松（白皮松），千佛阁遗址前的卧龙松、自在松、活动松等形态奇特，游人莫不驻足。

# 北京云居寺

位于北京西郊石经山麓。寺内保存着一万多块石经板，七千多块木经板和唐塔、辽塔，被誉为北京的敦煌。1961年，国务院将它列为全国重点文物保护单位。

云居寺初建于隋代（公元581—617年）。寺名几度更改，或称石经寺，或称西裕寺，现在一般叫它云居寺。五代、辽、金、元、明时期几度被毁，又几度重建。近代以来，寺宇毁坏严重。二十世纪三四十年代，由于日军的炮击，除山门、门前石狮、北塔和四座小塔等外，其余建筑荡然无存。1985年起，人们对云居寺进行了重建。天王殿、释迦牟尼殿、毗卢殿、弥陀殿、大悲殿以及配殿、僧舍等，均已修复。

云居寺之所以闻名全国，首先在于它保存着大量的石经。据调查，在石经山半腰上的两排共九个石洞中，藏有石经板四千一百九十六块，压经塔地穴中藏有石经板一万零八十二块。石板上刻有《大涅槃经》、《华严经》、《法华经》、《维摩经》等。这些石经，从隋代静琬法师开始刻写，直到明朝末年，方告完成。由于经版刻写的时代不同，其形状和大小也不一样。一般说来，金、明时期刻制的经版尺寸较小，且多为横刻，表现了时代的特征。

在云居寺北，有辽塔一座，砖砌，高三十米。在辽塔四周，有唐塔四座，石

北京云居寺山门

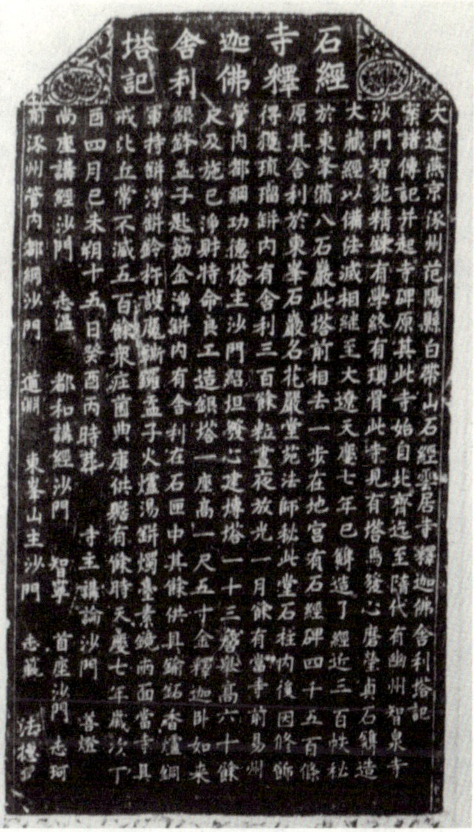

石經寺釋迦佛舍利塔記

大遼燕京涿州范陽縣白帶山石經雲居寺釋迦佛舍利塔記
案諸傳記并起寺碑原其此寺始自北齊迄至隋代有幽州智泉寺
沙門智菀精鍊有學終有瑣骨此寺見有塔焉發心磨瑩貞石鐫造
大藏經以備法滅相繼至大遼天慶七年已鐫造了經近三百帙秘
於東峯備八石巖此塔前相去一步在地宮有石經碑四千五百條
原其舍利於東峯石巖名花嚴堂菀法師秘此堂石柱內後因修飾
得獲琉璃缾內有舍利三百餘粒晝夜放光一月餘有當寺前易州
管內都綱功德塔主沙門紹坦發心建塼塔一十三層舉高六十餘
尺及施已淨財特命良工造銀塔一座高一尺五寸金釋迦卧如来
銀缾盂子匙筯金淨缾內有舍利在石匣中其餘供具鍮鉐香爐銅
軍持缾淨缾鈴杵鼓魔䥐盂子火爐湯缾燭臺素鏡兩面當寺具
戒比丘常不滅五百餘衆莊薗典庫供贍有餘時天慶七年歲次丁
酉四月己未朔十五日癸酉丙時葬　寺主講論沙門善燈
尚座講經沙門志溫　都和講經沙門智䓍　首座沙門志珂
前涿州管內都綱沙門道𦘔　東峯山主沙門志藏　法燈

北京云居寺辽代石经寺碑记

北京云居寺石经

砌，高十余米。这是北京地区建造时间最早的古塔。

在毗卢殿内，还保存着从智化寺移来的木刻《龙藏》经版七千余块。这样，云居寺就拥有石刻经版和木刻经版两个全国第一。

# 北京大觉寺

在北京的旸台山麓。此寺以玉兰、杏林和清泉名闻京华。

大觉寺始建于辽代，初名清水院。明宣德三年(公元1428年)重建，更名为大觉寺。正统十四年(公元1449年)重修。清康熙五十九年(公元1720年)、乾隆十二年(公元1747年)大修。以后，又经过人们的不断维修，使大觉寺的各类建筑保存完好。

大觉寺坐西朝东，各种建筑随山势布列。全寺分中路、北路和南路三大部分。山门、天王殿、大雄宝殿、无量寿佛殿、龙王殿等，依次布列在长达四百米的中轴线上。天王殿、无量寿佛殿、龙王殿和无量寿佛殿中的观音壁像、铜铸观音像，均为明代遗物。藏经楼高三层，是该寺的最后一座重要建筑。四宜堂、憩云亭、领要亭等清代园林建筑，布列于南路。北路为僧舍。此外，还有一座舍利塔。这是清代乾隆年间(公元1736—1795年)该寺住持伽陵禅师的墓塔。

耸立在碑亭中的辽碑《旸台山清水院创建藏经记》，是该寺保存的一件最为珍贵的文物。

大觉寺的后部有龙潭。潭中的泉水经石槽在寺内顺势流淌，清丽动人。四宜堂院中的一棵玉兰树，种植于乾隆时期，与崇效寺的牡丹、法源寺的丁香齐名。寺外杏林十里，花开之时，彩霞满山，别有情趣。

北京大觉寺山门

北京大觉寺大殿

北京大觉寺舍利塔院

北京大觉寺后山水池楼阁

北京妙应寺大殿

北京妙应寺白塔塔院正门

# 天津蓟县独乐寺

位于天津市蓟县城内，离市区一百一十公里。寺内保存着全国现存修建时间最早的庑殿顶山门、高层木结构楼阁建筑和全国最大的泥塑菩萨像。1961年，国务院把它列为全国重点文物保护单位。

独乐寺始建年代不详。辽统和二年（公元984年）重建之后，历代虽有修缮，但各代建筑均还保持着辽代风格。

独乐寺的现有建筑，可分为东、中、西三路。东、西两路为僧房和行宫。中路的山门和观音阁，均是辽统和二年的遗物，是该寺的主体建筑。

山门高十米，单檐庑殿顶。门外横匾“独乐寺”三字，据说为明代宰相严嵩所书。屋面坡度平缓，正脊鸱吻尾向内卷，这种形式全国少见。

观音阁高二十三米，外观二层，实为三层，中间一层是暗层。阁前挂有一匾，上书“观音之阁”四个大字。此阁斗拱硕大，出檐深远，达三米以上。这是辽代建筑的特点。此阁木榫卯接，阁内有立柱两圈，两圈和每圈各柱之间均以短梁相接，且梁圈立柱的下端直进，与立柱高度的比例适当。这样的结构，使观音阁具有很强的抗震能力。清代康熙十八年（公元1679年）、雍正八年（公元1730年）和1976年7月28日，三河、平谷、唐山等地先后发生强烈地震，官署、民房倒塌殆尽，唯观音阁依然屹立。可见，它的抗震能力是多么的强。

天津蓟县独乐寺观音阁斗拱

天津蓟县独乐寺观音阁壁画

天津蓟县独乐寺观音阁平座栏杆

天津蓟县独乐寺观音阁

观音阁内供有泥塑神像三尊，中为观音菩萨像，前面两侧为善财、龙女塑像。观音像高十六米，两臂下垂，身体前倾，站立于须弥座上。这是全国现存的最高泥塑菩萨像，观音的头上还塑有十面小佛头，故有十一面观音之称。这三尊神像，均创作于辽代。

在观音阁的下层四壁，绘满了壁画。这里的壁画高三点一五米，长四十五点三五米，面积一百四十平方米。壁画中有罗汉十余尊，供养人和世俗人物七十余名，山林、云水杂陈其间，画面生动。画中的人物，头戴元代通行的斗笠帽。据此推断，这些壁画当是元代作品。之后，明代又予以重绘。壁画原来用灰泥封盖，1972年维修时才被发现。这也是独乐寺中的一项珍贵古代艺术品。

# 河北正定隆兴寺

在河北省正定县城东门内。寺内保存的宋代建筑、宋铸大铜佛像、明铸毗卢佛铜像、明塑五彩观音像，以及被誉为“隋碑第一”的《龙藏寺碑》，名闻海内外。1961年，国务院把它列为全国重点文物保护单位。

隆兴寺始建于隋开皇六年（公元586年）。宋代扩建，更名为龙兴寺。清康熙时期（公元1662—1722年）更改为今名。

正定隆兴寺前部俯视

隆兴寺规模宏大，占地面积五万多平方米。其重要建筑有：天王殿、大觉云师殿、摩尼殿、戒坛、慈氏阁、转轮藏阁、御碑亭、大悲阁、弥陀殿等。

摩尼殿是隆兴寺建筑群的精华，面积达一千四百平方米。此殿建于宋皇祐四年（公元1052年）。在底层方形平面的四面正中各出抱厦一间，构成了一个十字形。这种布局形式，在

正定隆兴寺铁铸千手观音

现存的宋代建筑中甚为少见。殿内共有五尊泥塑神像。其中的释迦牟尼佛像和阿难、迦叶像为宋代作品。殿内有明代壁画四百多平方米。后壁上有明代彩色泥塑须弥山，山中的观音塑像神形兼备，酷似一位美貌的少女，为明塑精品。

大悲阁外观三层，高三十三米。阁内供奉着一尊千手千眼观音的铜铸像。像高二十二米，端坐于须弥座上。观音的四十二只手臂，除胸前的两只仍为铜铸外，两侧的四十只已于清代换为木臂了。这座观音菩萨铜像和大悲阁，均造于宋代开宝四年（公元971年），1944年重建时面积缩小了三分之一。

弥陀殿，也称毗卢殿。殿内有一尊高达六米、状似塔形的明铸毗卢佛像。佛像分三层，每层各有一尊毗卢佛，分别面向四方。佛冠上有小佛像六十尊。莲座的每一瓣莲花上均有一尊小佛，全莲座共有小佛一千余尊。这是一件制作精美的铜铸艺术品。据记载，毗卢阁建于明万历元年（公元1573年），1959年才从正定城内移入寺中。

《龙藏寺碑》是隆兴寺的一宝。此碑高二米，宽零点九米，刻立于隋代开皇六年（公元586年）十一月五日。碑文记述了当年的恒州刺史王孝仙，动员百姓修建龙藏寺的经过。碑文书写工整，是隋代书法中的精品，被称为“隋碑第一”；因其字体方正，虽还有隶书的余韵，但已经是正式的楷体字了，所以又被誉为“楷书之祖”。

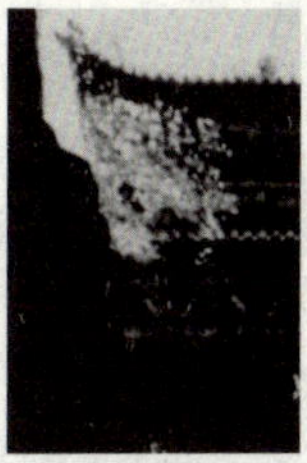

# 井陉福庆寺

位于河北省井陉县西南的苍岩山中。寺的主殿桥楼殿修建在一座拱桥上，风格独特，全国少见。

福庆寺始建于何时，史书和碑碣上均无记载，现已无从得知。据说，此寺是为隋炀帝出家的女儿南阳公主修建的，初名兴善寺。宋代改为今名。因年代久远，寺内殿宇多次毁建。今存的山门、天王殿、桥楼殿、碑亭、大佛殿、峰回轩、公主祠、砖塔等，都是明、清时期的遗物。

桥楼殿面宽五间，进深三间，修建在一座长十五米、宽九米的跨涧拱桥上。在重檐歇山顶的屋面上铺着琉璃瓦。屋脊上装饰着仙人骑龙、狮子驮塔等琉璃构件。殿内有1980年塑造的一佛二菩萨和十八罗汉像。殿外有回廊，可供人远眺，欣赏苍岩风光。在这里，山岩壁立，青天一线，桥楼横空，状如飞虹。桥楼飞虹自古就是苍岩美景之一，今日犹存，远近知名。

公主祠背倚悬崖，面临深涧，形势险要。这座殿宇宽不过三间，深不过一间，据说它就是当年南阳公主修行之地。现祠内尚有南阳公主塑像一尊，两面山墙上还有描述南阳公主修行的壁画，形象生动，引人注目。

河北井陉福庆寺桥楼殿

## 承德普宁寺

位于河北省承德市避暑山庄东北狮子沟的北坡上。这是一座将汉、藏建筑风格融为一体的佛教寺庙。寺中有全国最高的木雕菩萨像。1961年，国务院把它列为全国重点文物保护单位。

普宁寺建于清乾隆二十年(公元1755年)。当时，清朝政府平定了新疆蒙古族准噶尔部的叛乱，为了庆祝这次平叛的胜利，欢迎来到承德的蒙古族厄鲁特四部首领，清政府遵照蒙古族的宗教信仰，仿照西藏喇嘛教寺庙的建筑形式，修建了这座寺庙。同时，取天下太平、永远安宁的意思，将它定名为普宁寺。

规模宏大的普宁寺建筑群，大体上可以分为两大部分。前部为中轴线分明、左右配殿对称的汉族宫殿式建筑。山门、碑亭、天王殿、大雄宝殿等，处于中轴线上。耸立在碑亭内的三座石碑，用汉、满、蒙、藏四种文字，记述了清政府平定准噶尔叛乱的经过和修建普宁寺的原因。

普宁寺的后部是一组体现了以佛为中心的藏式建筑群。这组建筑群，修建在一座九米多高的台基上。台的中央为大乘之阁，象征着佛的世界，这是中心。阁的两侧建有日殿和月殿，象征着太阳和月亮。阁的四面，建有四个基台，台上建有殿宇，象征着佛教宇宙观中的四大部洲，即东胜神洲、南瞻部

承德普宁寺大殿

洲、西牛贺洲、北俱卢洲；还有八个白台，象征着八小部洲。阁的四角，分别建有红、黑、白、绿色四座喇嘛塔，象征着佛祖释迦牟尼的降生、得道、初转法轮和涅槃。在阁的东南和西南角，各有小殿一间，是乾隆皇帝来寺休息和听活佛讲经的地方。

大乘之阁是仿照西藏扎囊县桑耶寺乌策大殿的形式修建的。高三十六米多。阁的前面为六层，两侧为五层，后面为四层，俗称三样楼。阁顶由五个攒尖式屋顶组成，中间的一个较为高大，四角的四个较为矮小，构成了一个金刚宝座的形式。阁内有一尊重达一百二十吨、高二十二点二八米的千手千眼观音菩萨木雕像。在菩萨像头冠前面和上面各有一尊佛像。这就是观音菩萨的老师无量寿佛。在观音菩萨的手上，分别拿着日、月、杵、乾坤带等法器。这尊菩萨像，是用榆、杉、柏、桧等十四根大木拼接雕刻而成的。它不但体量高大，而且各部比例匀称，堪称我国木雕艺术精品。

在观音菩萨像前，还有两尊各高十四米的木雕神像。这就是观音的弟子善财和龙女。

承德普宁寺木雕观音像

承德普宁寺八大部洲

承德普宁寺日光殿

承德普宁寺三角殿

承德普宁寺配殿

承德普宁寺大乘阁

## 承德普乐寺

在河北省承德市避暑山庄之东。这是一座具有汉、藏建筑风格的佛教寺庙。寺中的坛城具有浓重的喇嘛教色彩，旭光阁建筑精美，辉煌灿烂。1961年，国务院把它列为全国重点文物保护单位。

普乐寺建于清乾隆三十一至三十二年（公元1766—1767年）。那时，清政府平定了新疆蒙古族准噶尔部的叛乱，柯尔克孜族首领每年秋天都要到承德朝见乾隆皇帝。为迎接他们的到来，清政府遵照“因其俗，不易其教”的原则，在承德修建了这座寺庙。清政府又取“普天同乐”的意思，将寺庙定名为普乐寺。

坐东朝西、依山而建的普乐寺建筑，可以分为两大部分。前部是一组典型的汉式寺庙建筑。山门、天王殿、宗印殿排列在中轴线上。慧力殿、胜因殿、钟楼和鼓楼布列于两侧。

普乐寺的后部是一组典型的喇嘛教建筑群——曼陀罗。曼陀罗也称坛城或阇城。这座坛城总高三十五米，上下三层。底层为一座方形石台，上有门殿三间，围廊七十二间。中层也是一座方形石台，四面和四角，各有一座形状相同、颜色不同的喇嘛塔。上层是一座圆形石台，周环栏杆，中间建有一座旭光阁。旭光阁为两层，圆形，屋面上铺着黄色琉璃瓦。这是仿照北京天坛祈年

承德普乐寺旭光阁

承德普乐寺旭光阁藻井

殿的形式修建的。阁中的藻井制作精美。藻井中的金龙雕刻细腻，栩栩如生，为木雕中的上品。

在我国古代，方形象征地，圆形象征天。普乐寺上圆下方的坛城，寓意着天上、地下同归佛门。

# 承德普陀宗乘之庙

位于河北省承德市避暑山庄北面。这是一组以藏式建筑为主、包含着汉式建筑的古代建筑群。1961年，国务院把它列为全国重点文物保护单位。

普陀宗乘之庙建于清乾隆三十二年至三十六年（公元1767—1771年）。

乾隆三十五年（公元1770年），是乾隆皇帝弘历的六十大寿。乾隆三十六年（公元1771年），是乾隆母亲的八十大寿。清政府预计，届时当有藏族、蒙古族的众多首领前来祝贺。为此，他们便仿照喇嘛教黄教中心拉萨布达拉宫的形式，修建了这座佛教寺庙。当寺庙落成之时，恰逢明末流浪到伏尔加河流域一带的蒙古族土尔扈特部，在首领渥巴锡的率领下辗转回到承德。乾隆皇帝召见了渥巴锡。为记述普陀宗乘之庙的建筑经过和优抚土尔扈特部，乾隆皇帝还专门写了文章，刻写在石碑上。现在，这些碑文还完好地保存在庙内。

承德普陀宗乘之庙万法归一殿金顶

承德普陀宗乘之庙碑

承德普陀宗乘之庙全景

普陀宗乘之庙占地二十二万多平方米。其建筑布局大体上可以分为三大部分。前部，有山门、碑亭、五塔门和琉璃牌坊。中部，有各种形状、二层或三层的白台三十余座。这是佛殿和僧房。后部是大红台。这是庙中的主体建筑，是仿照布达拉宫红宫的形式修建的。

大红台以白台为基础，总高四十二点五米。其中，白台高十七点五米，红台高二十五米。红台外观十三层，其中仅四层实用，另外九层则为装饰性的盲窗。红台正中嵌有六个佛龛，象征着乾隆的六十大寿。红台顶部有高达三米的群楼。群楼围绕着的就是万法归一殿。这便是庆祝乾隆六十大寿和他母亲八十大寿的地方。乾隆接见渥巴锡也在这里。殿内还保存着一座紫檀木万寿塔，塔上刻写的一万个汉文“寿”字，各个形式不同，非常精美。

红台、白台是典型的藏式建筑。碑亭、牌坊、门楼等，是典型的汉式建筑。这两种建筑形式的巧妙安排，体现了汉、藏文化的交流与融合。

# 承德须弥福寿之庙

在河北省承德市避暑山庄之北、普陀宗乘之庙以东。又称班禅行宫。这是仿西藏日喀则扎什伦布寺而修建的一座喇嘛庙。1961年，国务院将其列为全国重点文物保护单位。

须弥福寿之庙建于清乾隆四十三年（公元1778年）。那时，六世班禅表示，要在公元1780年乾隆皇帝七十大寿之际，前来承德朝见皇帝，并向他祝寿。为迎接六世班禅，乾隆下令修建了这座寺庙。由于它仿照了扎什伦布寺的模式，“扎什”为藏语的福寿之意，“伦布”是须弥山的意思，此寺便被定名为须弥福寿之庙。

承德须弥福寿之庙天花彩画

须弥福寿之庙占地三万七千多平方米。它的主要建筑有山门、大红台和台上的妙高庄

承德须弥福寿之庙金龙金瓦屋顶

严殿、吉祥法喜殿、金贺堂、万法宗源殿和万寿琉璃塔等。

大红台是寺庙中的主体建筑。这是一座群楼，高三层，共有房屋四百余间。红台外墙以砖石砌筑。墙面上修有梯形窗，真假相间。红台顶部四角各建小殿一座。红台顶部正中修重檐歇山攒尖顶式大殿一座。这就是遐迩闻名的妙高庄严殿。殿顶屋面上铺着镏金铜瓦。四条垂脊上装饰着上下飞舞的镏金铜龙，每脊两条，每条重约一吨。这里是六世班禅讲经传法之处。

吉祥法喜殿处于大红台西北。这是当年六世班禅的住所，也是乾隆皇帝设宴之地。乾隆皇帝亲笔题写的“劳陀普涌”横匾，至今还挂在殿内。

# 承德安远庙

俗称伊犁庙。位于河北省承德市避暑山庄的东面。庙中主殿构筑特殊，屋面上铺着蓝色琉璃瓦。1988年，国务院把它列为全国重点文物保护单位。

安远庙建于清乾隆三十年(公元1765年)。乾隆二十年(公元1755年)，漠西蒙古族达什达瓦部，参加了清军平定达瓦齐部和阿睦尔撒纳部的叛乱。乾隆二十四年(公元1759年)，他们迁移到承德附近居住。达什达瓦部在伊犁河流域一带生活期间，曾修建一座固尔扎庙。后来，庙宇被火烧毁。为了让达什达瓦部蒙古族同胞有一个进香礼佛的场所，同时也为了让他们寄托乡思，乾隆皇帝决定在承德修建这座庙宇。

安远庙占地二万六千平方米。现存重要建筑有山门、普渡殿等。

普渡殿是安远庙的主殿。古人认为，蓝色在五行中代表西北方位，也象征着伊犁河水，所以普渡殿的屋面上铺着蓝色琉璃瓦。殿分三层。一层供奉绿度母像，二层供着过去佛、现在佛和未来佛像，三层供奉着九头八脚十七双手的大威德金刚像。

安远庙中现存的珍贵文物不多，但普渡殿前保存的一座卧碑，其碑文却是乾隆皇帝亲笔撰写的，记述了安远庙的建造经过和平定叛乱、统一西北的意义，很有价值。在普渡殿一层的墙壁上，绘满了绿度母降妖捉怪的故事图画，很引人注目。

# 承德殊像寺

位于河北省承德避暑山庄北、普陀宗乘之庙以西。寺内建筑布局充满了文殊菩萨道场山西五台山的韵味。1988年，国务院把它列为全国重点文物保护单位。

殊像寺建于清乾隆三十九年（公元1774年）。乾隆二十六年（公元1761年），弘历皇帝陪着母亲到五台山殊像寺进香礼佛。传说，五台山殊像寺是文殊菩萨现身的地方。乾隆母亲礼佛后，熟记文殊真容。回到北京后，命人在香山修宝相寺一座。十余年后，便在承德建殊像寺，以供奉文殊菩萨。

承德殊像寺的建筑大体上分为两个部分。前部为汉式佛教寺庙的建筑格局，中轴线分明，左右对称。山门、天王殿、会乘殿布列在南北轴线上。两侧为配殿和钟楼、鼓楼。后部为一座象征五台山的假山。山分两层，有石级相联。下层山上建宝相阁，上层山上建清凉楼，内供文殊菩萨像。清凉山是五台山的别名，此处的楼也以清凉命名。假山和楼、阁，深含五台山意境。可惜楼、阁和楼阁内的佛像均已不存，仅余假山和建筑遗址，供人参观、遐想。

会乘殿是殊像寺中现存的一座重要建筑。殿建于一座高坛上。殿内供奉着文殊、观音和普贤菩萨像。二侧有楠木塔和杉木经格。木塔有三百零四个佛龛。过去，龛内放置铜镏金佛像三百零四尊。佛像早已被盗，木塔犹存。

## 太原崇善寺

坐落在山西省太原市五一南路皇庙巷内。寺的现有规模很小，但寺中保存的《大藏经》等文物却著称于世。

此寺初建于唐，始名白马寺，后改名为延寿寺、崇善寺、新寺等。寺中的现存殿堂，建于明洪武十六年至二十四年（公元1383—1391年）。

洪武十五年（公元1382年），明太祖朱元璋的皇后马氏去世。由马氏抚养成人的朱元璋第三子、晋王朱棡，请求修建一座兼有祖庙功能的佛教寺庙，并得到了明太祖的批准。此时重建的崇善寺，占地二百四十五亩，殿宇辉煌，规模宏阔，其布局有似北京故宫。后经不断维修，寺庙得到了妥善的保护。清同治三年（公元1864年），一把大火烧掉了崇善寺的大部分建筑，仅六大殿之一的大

山西太原崇善寺千手观音像

太原崇善寺大悲殿

悲殿保存了下来。我们今天看到的崇善寺，其面积只有那时庙宇的几十分之一。

但是，崇善寺中保存的文物却很有价值。

第一，今日的大悲殿基本上仍是洪武年间的建筑。以后的维修只是小修小补，没有大的改动。

第二，寺中保存的北宋《崇宁万寿藏》十七卷零十八页，南宋《碛砂藏》五百六十二函，四千八百四十六卷，元代皇庆元年（公元1312年）刻印的《普宁藏》五百零五函、四千二百五十七卷等，尽管都不是原刻经书的全部，但已经是稀世珍品了。此外，这里还有明版《南藏》、《北藏》以及其他手写经书，亦很珍贵。

第三，寺内保存着当年大雄宝殿两掖长廊壁画《释迦世尊应化示迹图》、《善财童子五十三参图》的临摹本，亦为稀世珍品。

第四，大悲殿内供奉的高达八米的千手千眼观音像、千手千钵千释迦文殊像和普贤菩萨像，都是明代的泥塑珍品。保存至今，很为难得。

## 大同华严寺

坐落在山西省大同市城西。寺内保存着珍贵的辽、金建筑和辽代彩色泥塑像，被誉为辽、金艺术博物馆。1961年，国务院把它列为全国重点文物保护单位。

华严寺始建于唐朝，是当时佛教华严宗五大寺庙之一。会昌年间（公元841—846年）灭法，寺毁。辽代重建，并供奉辽诸先帝的石像和铜像，华严寺成了辽帝的祖庙。保大二年（公元1122年），寺内部分建筑被火烧毁。金、明、清时期，多次重修、大修或维修，使该寺保存到现在，但寺院的面积却比辽代小多了。

坐西朝东的华严寺分为上寺和下寺两大部分。上寺在下寺的西北角。两寺相距不远。上寺的主要建筑有山门、前殿和大雄宝殿。祖师堂、禅堂、云水堂等，分列左右。下寺的主要建筑有山门、天王殿和薄伽教藏殿。此外，还有碑亭和配殿等。

薄伽教藏殿是下寺的主殿，建于辽重熙七年（公元1038年）。此殿为重檐歇山式屋顶，面宽五间，进深四间，殿基高三米。按照梵文的意思，此殿是存放佛经的地方。所以，在殿内的左、右、后三面墙壁下方，共有壁藏——藏经柜三十六间。藏经柜外观二层，称为重楼式壁藏。柜内也分两层：上层为佛

大同上华严寺

大同上华严寺山门

大同上华严寺鼓楼

大同下华严寺天宫楼阁

大同下华严寺塑像

大同上华严寺壁画

龛，供佛像；下层为经柜，藏经书。现壁藏内仍存有佛经一万八千余册。在后墙上方正中偏西处，有一座木桥与一座高悬的楼阁相通。这就是著名的天宫楼阁和圆桥。壁藏和天宫楼阁，在我国的古代建筑中都比较少见。现殿内的梁枋彩绘、天花板彩绘和藏经柜等，也都是辽代的遗物。

大同下华严寺薄伽教藏殿

薄伽教藏殿内，还有辽代彩色泥塑的佛像、菩萨像、天王像和供养人像等三十一尊。其中有一尊合掌露齿菩萨像，神态自然，富有人情味，是辽塑中的一件珍品。

大雄宝殿，是上寺的主殿，为金天眷三年（公元1140年）重建后的遗物。此殿为单檐庑殿顶，面积达一千五百五十九平方米，是全国现存较大的一座佛殿。因为采用减柱法建造，殿中减少立柱十二根，扩大了空间。大雄宝殿中共有明代彩色泥塑佛像三十三尊。正中供奉的是五方佛。两侧，有天神塑像二十二尊，每尊均前倾十五度，实不多见。墙上，有清代绘制的壁画二十幅，大小人物五千余个，面积达八百多平方米。这些壁画，有释迦牟尼说法图、千手千眼观音图、罗汉图、善财童子五十三参图等，使整个大殿充满了浓厚的宗教气氛。

# 大同善化寺

俗称南寺。坐落在山西省大同市南门内西侧。这里有我国现存面积最大、保存最好的辽、金建筑群。1961年,国务院把它列为全国重点文物保护单位。

善化寺始建于唐开元年间(公元713—741年),初名开元寺。五代后晋初年更名为大普恩寺。辽保大二年(公元1122年)至金皇统三年(公元1143年)重修。明正统十年(公元1445年),英宗朱祁镇赐名为善化寺,并将该寺作为官员们学习礼仪的场所。从此时起直到清末,善化寺曾大修三次。1949年后,人民政府又多次维修了善化寺,使其面貌焕然一新。

坐北朝南的善化寺,面积达一万一千九百多平方米。善化门(山门、天王殿)、三圣殿、大雄宝殿处于中轴线上。普贤阁、观音殿、地藏殿和配殿等,位居两侧。其中,大雄宝殿为辽代遗物,善化门、三圣殿、普贤阁,为金代遗物。

大雄宝殿是善化寺的主体建筑。此殿面宽七间,四十点七米;进深四间,二十五点五米。重檐庑殿顶。殿基为砖砌,高三点三米。殿前有钟亭、鼓亭和木牌坊。殿内保存着金代泥塑神像三十三尊。其中,有金身五方佛像五尊;两侧,各有天王像十二尊。墙上,有清代绘制的壁画一百九十多平方米。这些壁画题材都是佛传故事,也很生动。

山西大同善化寺天王殿

三圣殿为一座单檐庑殿顶式建筑。殿内有毗卢佛、文殊和普贤菩萨等彩色泥塑像六尊，古代石碑四座。其中，以金大定十六年（公元1176年）刻立的《大金丙亥大普恩寺重修大殿记》碑最为重要。三圣殿采用减柱法建造，殿内只有立柱四根，大大增加了室内空间。所以，这也是金代建筑中的一件杰作。

# 浑源悬空寺

位于山西省浑源县南的恒山翠屏峰东侧，离城三点五公里。这是我国古代修建的一座木结构高空庙宇，十分少见。1982年，国务院把它列为全国重点文物保护单位。

悬空寺始建于公元四五世纪的北魏后期。唐、宋、明、清时期均有修葺。1949年以后，人民政府又多次拨款维修，使这座古寺依然保存完好。

悬空寺修建在离山顶甚远、距地面四五十米的悬崖绝壁上。人们在坚硬的岩山上凿洞，将横木的三分之二插入洞中，再在余下的三分之一上横铺木板，作基建房。横梁和立柱，只要可能，均插入岩石中。而悬空的一端，均以插入石中的木梁或木柱支撑。这样，整个寺庙建筑便与岩石连接为一体了，牢固结实，玲珑美观，宛若空中楼阁。

悬空寺是一个三教合一的寺庙。全寺有殿堂四十余座。较为重要的建筑有山门、钟楼、鼓楼、送子观音殿、千手观音殿、地藏殿、雷音殿、如来殿、纯阳宫、五佛殿、三教殿等。在这里，观音殿、地藏殿、如来殿、五佛殿等，为佛教建筑；纯阳宫、三官殿等，为道教建筑；三教殿则为佛教、道教、儒教合一的建筑。在寺内，有铜铸、铁铸、木雕和石刻神像七十八尊。其中，释迦牟尼佛、观音菩萨等，为佛教神像；老子、天官、地官、水官等，为道教神像；孔子等为儒

山西浑源悬空寺

山西浑源悬空寺山门

教神像。这种多教建筑共存、多教神灵共奉的寺庙，在全国亦不多见。

悬空寺所在的悬崖绝壁，上部和左右两侧稍向外凸出，而寺庙就修建在凹进的岩腹中。这样，下雨淋不着，左右来风吹不着，每天的日照最多只有三四个小时。这样的地形，也非常有利于悬空寺的保护。

# 繁峙岩山寺

位于山西省繁峙县城南四十五公里处的五台山北麓。寺内保存的金代壁画十分珍贵，与著名的芮城永乐宫元代壁画，合称为山西古代壁画的"双璧"。1982年，国务院把它列为全国重点文物保护单位。

岩山寺始建于金正隆三年(公元1158年)，初名灵岩寺，亦称灵岩院。后改为今名。元延祐二年(公元1315年)重修。明、清时期多次维修。

由于年久失修，岩山寺的各类建筑损毁厉害。正殿早已不存。其现存建筑有山门、禅院、东西配殿和南殿。

南殿又称文殊殿。这是一座单檐歇山式建筑。殿内保存着金代塑造的水月观音、胁侍菩萨，天王和文殊菩萨的坐骑等。然而，殿中保存的金代壁画却更为有名。

岩山寺南殿壁画，现存九十多平方米。东墙上，有须阇堤(长生)太子割肉孝敬父母的图画。南墙上，有罗刹女救助海难的图画。西墙上，有释迦牟尼从降生到成佛的故事图。在这里，有楼阁，有山水；有达官贵人，也有奴仆侍女，表现了当时的宫廷生活情景。在这里，也有茶楼、酒肆、牛耕、水磨等世俗生活场面。山水秀丽多姿，人物生动活泼、性格鲜明，是我国古代壁画中的精品。

据记载，岩山寺的壁画，是金代御前承应画匠王逵等人从正隆三年(公元1158年)至大定七年(公元1167年)，用了十年时间绘制成的，可谓珍贵之极。

# 应县佛宫寺

位于山西省应县城内西北角。寺内有一座我国现存建筑时间最早、体量最大的木塔。1961年，国务院把它列为全国重点文物保护单位。

一般认为，佛宫寺始建于辽清宁三年（公元1057年），初名宝宫禅寺，后更为今名。金明昌年间（公元1190—1195年）增修。元延祐七年（公元1320年）、明正德三年（公元1508年）、清康熙六十一年（公元1722年）、同治五年（公元1866年），先后大修。1926年，由于军阀混战，佛宫寺建筑受到极大破坏。1949年后，人民政府多次拨款大修，佛宫寺才具有今天这样的面貌。

佛宫寺的现存建筑有山门、僧房、客堂和释迦塔等。

释迦塔又名应县木塔。这是一座高达六十七点三一米的八角形楼阁式木塔，建造于辽代。塔基为一座中心夯土的二层砖石台，下层为方形，上层为八角形。塔的外观为五层，加上暗层，塔内实为九层。每层塔外均有平座栏杆，内有楼板楼梯，可供人上达远眺。每层塔檐和平座下面，均有斗拱支撑。全塔共有斗拱五十四种，堪称我国的一座斗拱陈列馆。

作为一座佛塔，释迦塔的隔层均供有佛像。一层正中，供有一尊高达十米的释迦牟尼佛像。墙上，有六幅如来佛画像，以及金刚、弟子和供养人像等。二层，有一佛、二菩萨、二胁侍塑像。三层，有四方佛塑像。四层，有释迦

山西应县佛宫寺钟楼

山西应县佛宫寺后殿

牟尼佛、文殊和普贤菩萨以及阿难、迦叶的塑像。五层，有毗卢遮那佛和八大菩萨塑像。这些神像，也都是佛宫寺文物中的珍品。

我国早期的佛教寺庙建筑，均以塔为中心。而辽代修建的这座佛宫寺和释迦塔，也是这种建筑思想的再现。同时，应县也是辽、宋交界地区，双方激战频繁。著名的杨家将就曾在这一带作战。辽方之所以修建这样一座高大结实的木塔，也是为了借用佛塔来监视宋方的军情。因此，释迦塔也具有瞭望敌情的功能。

## 朔州崇福寺

坐落在山西省朔州市东大街北侧。寺内保存的金代建筑、金代泥塑像和金代壁画，远近闻名。1988年，国务院把它列为全国重点文物保护单位。

此寺始建于唐麟德二年（公元665年），初名为大藏经阁。辽代更名为林衙寺。金天德年间（公元1149—1153年）赐名为崇福禅寺。明成化五年（公元1469年）、十六年（公元1480年），两次重修。清乾隆（公元1736—1795年）、嘉庆（公元1796—1820年）、同治年间（公元1862—1874年），均有补修。1985年，大加翻修，使崇福寺恢复了旧观。

山西朔州崇福寺弥陀殿金代匾额

崇福寺现存大小殿堂十座。其中，山门、金刚殿（天王殿）为清代建筑；钟楼、鼓楼、千佛阁（藏经阁）、文殊堂、地藏堂为明代建筑；三宝殿（大雄宝殿），明代重建、清代重修；弥陀殿（后大殿）、观音殿为金代建筑。

弥陀殿建于金代皇统三年（公元1143年），面宽四十七米，进深二十五米，面积一千

山西朔州崇福寺千佛阁

山西朔州崇福寺弥陀殿屋顶翼角

山西朔州崇福寺弥陀殿琉璃正吻

山西朔州崇福寺壁画

一百一十二平方米。此殿结构科学，斗拱奇巧，隔扇雕刻精美。屋脊上高大的琉璃鸱吻，以及非龙非虎兽头、顶盔胄甲的力士等，颜色都很鲜艳。殿内的阿弥陀佛、观音、大势至和四尊胁侍菩萨、两尊金刚力士像，形态都很生动。四面墙壁上，有释迦牟尼说法图、千手千眼十八面观音像等壁画三百二十七平方米。此殿从殿基到殿顶乃至殿前的竖匾，殿内的雕塑和绝大部分壁画，都是金代的遗物。因此，人们把弥陀殿称为“金代艺术宝库”，一点也不过分。

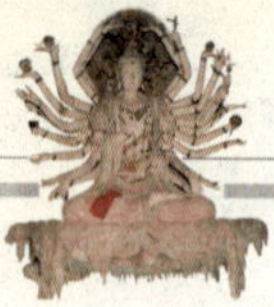

# 五台佛光寺

在山西省五台县的佛光新村，离县城约三十公里。寺内保存的唐代建筑、唐代壁画、唐代雕塑和唐人题记，被称为“四绝”。1961年，国务院把它列为全国重点文物保护单位。

佛光寺始建于北魏孝文帝时期(公元471—499年)。唐朝时，曾增修高达三十二米的弥勒大阁一座。会昌五年(公元845年)灭法，寺毁。大中年间(公元847—859年)重建。宋、金、明、清时期多次维修。1949年后，人们对佛光寺备加保护，使该寺的建筑和文物完好地保存至今。

五台佛光寺大殿唐代门窗

坐东朝西的佛光寺修建在半山坡上。全寺有院落三重，房屋一百二十余间。其中，东大殿建于唐代，文殊殿建于金代，其余殿堂为明、清遗物。

东大殿也叫正殿，是佛光寺最后、最高的主殿。此殿的基址就是原来的弥勒大阁。建筑时间为

山西五台佛光寺大殿

五台佛光寺供养菩萨像

唐大中十一年（公元857年）。这在我国现存的木结构地面建筑物中，在时间上仅次于南禅寺大殿，位居第二。施主为女弟子宁公遇。主持建造者为愿诚和尚。

佛光寺东大殿面宽七间，进深四间。屋面平缓，上铺青瓦。屋脊上装饰着黄、绿琉璃脊兽，色彩鲜艳。梁架上端，采用了三角形人字架。在我国的各类古建筑物中，这种手法的采用时间最早。在门板上和梁下，留有不少唐人题记，十分珍贵。在殿内的佛坛上，有唐代彩色泥塑像三十五尊。其中，释迦牟尼佛、弥勒佛等佛教神像三十三尊，宁公遇和愿诚和尚塑像各一尊。在殿内墙壁上，有唐代绘制的佛教题材壁画十余平方米。这些唐代建筑、题记、雕塑和壁画，都是我国民族传统文化中的精品，十分珍贵。此外，在大殿两侧，还有明代塑造的罗汉像二百九十六尊。这些罗汉像原为五百尊，1954年，因大雨墙塌，毁坏了一部分，实在可惜。

文殊殿在山门内北侧，始建于金天会十五年（公元1137年），重建于元至正十一年（公元1351年），1954年补修。殿内佛坛上有泥塑神像七尊，东、西墙和北墙上，有彩绘罗汉像二百四十五尊。这些都是明代作品。

在东大殿南偏东处，有砖塔一座，人称初祖禅寺塔、祖师塔。这是我国现存两座北魏塔中的一座，也很珍贵。

在佛光寺外，还有唐代大德方便禅师塔、无垢净光和尚塔、解脱禅师塔、金代杲公和尚塔等，也都是不可多得的历史遗物。

# 五台南禅寺

位于山西省五台县西南的李家庄，距县城二十余公里。寺内有我国现存建筑时间最早的木结构大殿，殿内保存着十七尊唐代彩色泥塑神像，极为珍贵。1961年，国务院把它列为全国重点文物保护单位。

南禅寺坐北朝南，规模不大。寺院占地面积仅有三千零七十八平方米。全寺分东院和西院两大部分。东院为僧房，是明、清时期的建筑。西院有山门、大殿和龙王庙、观音殿、菩萨殿等建筑。其中，龙王庙建于清代，观音殿、菩萨殿建于明代。

五台南禅寺唐代塑像

南禅寺大殿，又称正殿或大佛殿。这是一座单檐歇山顶式建筑。屋面上铺着灰瓦，屋脊上安有鸱吻。全殿面宽三间，十一点

五台南禅寺大殿

六二米；进深三间，九点九米。平面近于方形。从结构上看，此殿由台基、屋架和屋顶三部分组成。殿内没有立柱，也没有天花板。墙不负重。整个屋顶的重量，全部落在十二根檐柱上。结构简洁，庄重大方，这是唐代建筑的特征。从平梁下的题记得知，此殿建于唐建中三年（公元782年）。这是我国现存建筑时间最早的地面建筑物，十分珍贵。

在南禅寺大殿内，保存着唐代彩色泥塑神像十七尊。其中，有释迦牟尼佛像、文殊和普贤菩萨像，以及天王、金刚、童子像等，形态都很生动，也很难得。

此外，南禅寺内还有唐代石狮一对、石塔一座，也很珍贵。

# 五台山显通寺

位于山西省五台山腹地台怀镇。这是我国一座兴修时间仅次于洛阳白马寺的古老寺院。寺内珍藏着许多珍贵文物。1982年，国务院把它列为全国重点文物保护单位。

显通寺始建于东汉永平年间（公元58—75年），初名大孚灵鹫寺。北魏扩建，又名花园寺。唐贞观年间（公元627—649年）重建，改名为大华严寺。明洪武年间（公元1368—1398年）重建，赐名大显通寺。以后，明成祖朱棣赐名大吉祥显通寺，明神宗朱翊钧再赐名大护国圣光永明寺，清康熙二十六年（公元1687年）改名为大显通寺，直到今天。

布局严谨的显通寺，占地面积四万三千多平方米，有大小房屋四百余间，是佛教圣地五台山规模最大、历史最久的一座寺院。布列于中轴线上的七间大殿，从南往北，依次为观音殿、大文殊殿、大雄宝殿、无量殿、千钵文殊殿、铜殿和藏经楼。钟楼、配殿和僧房布于两侧。

同五台山的其他佛教寺庙一样，显通寺中主要供奉的依然是文殊菩萨像。在大文殊殿内，供奉着七尊文殊菩萨像。在千钵文殊殿内，供奉着一尊千钵文殊铜像。这是显通寺中的一件很为珍贵的文物。千钵文殊的上部有五个头像；胸前有手六只，其中两手捧一钵，钵中有释迦牟尼佛坐像一尊。文殊像

五台山显通寺彩画



的背后伸出手臂千只，每手一钵，每钵均有一尊释迦牟尼佛像。因此，这尊铜像又被叫做千手千钵千释迦文殊菩萨像。此像铸造于明代，很为珍贵。

铜殿和铜塔，是显通寺中保存的又一件珍贵文物。它们均铸造于明代万历年间(公元1573—1619年)。铜殿高八点三米，宽四点七米，深四点五米，重十万斤。铜殿内壁铸满了佛像。隔扇外壁，铸满了二龙戏珠、玉兔拜月、丹凤朝阳等图案和花卉、鸟兽等，非常精致。铜殿之前原有八面十三层的铜塔五座，象征五台，现仅剩两座，更为珍贵。

无量殿面宽七间，进深四间。四壁砖砌，顶铺方木。殿内无柱无梁，四壁有走廊一圈，有楼梯可通。殿外无檐无廊。殿前正面，每层有龛洞七个，象征着释迦牟尼在七个地方、九次讲完佛经。所以，此殿也被叫做七处九会殿。这样的砖砌无梁殿，在全国并不多见。

除此之外，显通寺山门外的龙、虎碑，钟楼内重达九千九百九十九斤半的明铸大铜钟，藏经楼内宋代、明代经书和多达六十余万字、用八年时间写成的清代《华严经》字塔等，都是显通寺中异常珍贵的文物，观之令人惊叹。

# 五台山塔院寺

位于山西省五台山腹地台怀镇。寺内有释迦牟尼舍利塔、佛足迹图碑和五台山教主文殊菩萨的发塔，被佛教僧众视为圣地。

塔院寺和显通寺紧相毗邻。原来这两座寺院本是一座庙宇，明万历七年至十年（公元1579—1582年），人们才将塔院分出，单独组建成一座寺院，并定名为塔院寺。

五台山塔院寺大殿内转轮藏

塔院寺的建筑大体上可以分为左、中、右三院。其重要建筑有山门、天王殿、大雄宝殿、大白塔、藏经楼和文殊发塔等。此外，寺内还有禅堂院、山海楼、伽蓝殿、祖师殿等。

大白塔，正名叫做释迦文佛真身舍利宝塔，又名大慈延寿宝塔。这座覆钵式的喇嘛塔，高五十六点四米，塔基的须弥座为石砌，塔身砖砌，塔刹用铜制成。全塔各部粗细、方圆相间，形态优美。在塔檐下和束腰上均挂风铃。全塔共有风铃二百五十二个。在须弥座南侧，有浅洞三个，左洞中有康熙年间（公元1662—

五台山塔院寺鸟瞰

1722年）刻立的修塔记事碑，右洞中立有佛足迹图碑。据记载，唐代曾在此处建八角塔一座，后来毁掉了。元大德五年（公元1301年）又建石塔一座。明永乐五年（公元1407年）又建大白砖塔一座，并将元代石塔包入塔中。这就是我们今天看到的塔院寺大白塔。由于此塔造型优美，又处于台怀镇中心，所以它便成了佛教圣地五台山的标志。

文殊发塔位于大白塔东侧。此塔虽然高仅两米余，比大白塔小得多，但据说塔中供奉着文殊菩萨的头发，所以与大白塔一样，备受人们重视。

# 五台山菩萨顶

坐落在山西省五台山台怀镇灵鹫峰上，俗称喇嘛宫。这座寺庙建筑雄伟，金碧辉煌，是五台山十座喇嘛教黄庙中的首座，有人说它酷似拉萨的布达拉宫。

此寺始建于北魏孝文帝时期（公元471—499年），初名大文殊院，唐更名为真容院，北宋重修，南宋改建，更名为大文殊寺。明永乐年间（公元1403—1424年）始有菩萨顶的称谓。万历九年（公元1581年）重修。清顺治十七年（公元1660年）将它从青庙——和尚庙改为黄庙——喇嘛庙。康熙年间（公元1662—1722年）重修，并铺上了黄色琉璃瓦，山门前修建了四柱七楼的一座木牌楼。从此，菩萨顶便成了清朝皇室的喇嘛庙。康熙皇帝曾前去进香五次，乾隆皇帝前去进香六次，并都题写了匾额或碑文。菩萨顶盛极一时。

五台山菩萨顶山门及门前的“灵峰胜境”牌坊

山西五台山

五台山菩萨顶大文殊殿

菩萨顶占地面积九千一百多平方米。全寺建筑可以分为前院、中院和后院三大部分。中轴线上的建筑有山门、天王殿、大雄宝殿和文殊殿等。钟楼、鼓楼、僧舍、禅房排列两侧。整个寺庙布局严谨。

按照满语的意思，菩萨顶就是文殊居住的地方。因此，庙中主供的神像就是文殊菩萨像。但是，文殊殿中所供奉的文殊菩萨像，却与其他寺庙的不同：头取旁观势，腰取扭动势，发取散披势，身挂璎珞——这是按喇嘛教经典的规定塑造的，观之令人难忘。

文殊殿还有一个别称，叫做滴水大殿。原来殿顶的琉璃瓦有小孔，瓦下有储水层和防漏设施。每当下雨之时，雨水通过琉璃瓦孔存入储水层中，再经檐瓦小孔下滴。即使雨过天晴，滴水也不停止。长此下去，使殿前阶石状如蜂窝。但是，由于维修中不慎损坏了储水层，文殊大殿的滴水景观已不复见，实在可惜。

## 五台山罗睺寺

坐落在山西省五台山腹地台怀镇。此寺以开花现佛、松塔和制作特殊的文殊菩萨像闻名于世。

此寺始建于唐代。因传文殊菩萨曾在这里现身、讲经说法，便将寺名定为落佛寺。宋、元时期重建。明成化年间(公元1465—1487年)、弘治五年(公元1492年)再度重建。万历年间(公元1573—1619年)重修。清朝顺治、康熙时期，将它由和尚庙(青庙)改为喇嘛庙(黄庙)，并将寺名更改为罗睺寺。罗睺是释迦牟尼出家前娶妻所生儿子，是罗睺罗的简称。罗睺罗十五岁随父出家，并成为佛祖十大弟子之一。以其名字命名寺庙，表示本处是普度众生之处。

罗睺寺占地面积一万五千多平方米。全寺有院落六个，大小房屋一百余间。中轴线上的主要建筑有天王殿、文殊殿、大佛殿和藏经殿。此外，还有山门、客堂等建筑。

藏经殿内的开花现佛，是罗睺寺的一大奇观。殿内有一朵高达三米的木结构红色莲花。花茎连着圆盘。盘上有水纹、十八罗汉、四大天王和二十四尊力士像。这是护法队伍。莲花内有背靠背、面向四方的金身阿弥陀佛像四尊。莲花的花茎与圆盘中的连动装置相接。连动装置向某一方向转动，花开佛现；若向另一方向转动，花闭佛隐。过去人们认为，若能到此见佛，便是有缘，也会有好运。

松塔在罗睺寺的山门东侧，砖砌，高三米。传说此处是文殊现身的地方。过去，这里曾有一棵松树。后来人们把松树砍掉，将树枝埋于地下，上建砖塔，以作纪念。文殊殿中供奉的文殊塑像制作特殊、与众不同。塑像以前面所述砍倒的松树为骨架，再抹泥贴金而成。文殊像的面部为乳白色；两肩有肩花，上置经书和智慧剑；所骑青狮卧于莲花上。这种形态，在别的寺庙中是看不到的。

山门外的一对石狮，是五台山所存唯一的唐代遗物，弥足珍贵。

# 五台山金阁寺

位于山西省五台山中台和南台的交接处，距腹地台怀镇十五公里。寺内保存的铜胎泥塑观音像，远近闻名。

山西五台金阁寺大殿菩萨像

金阁寺始建于唐大历五年(公元770年)。以后经过不断维修，终于保存至今天。

金阁寺占地面积二万一千多平方米。全寺分前后两院，共有房屋一百六十余间。观音殿是前院的主殿。大雄宝殿是后院的主殿。在观音殿中供奉着一尊千手观音像。这尊观音像高十七点七米，内为铜铸，外层抹泥、贴金，制作独特，全国少见。

在前后院之间，有一排两层的房屋。下层为石券窑洞，共十九间。中间的一间为两院通道；其余的十八间为僧房。上层的十九间，都是木结构房屋，分别为毗卢殿、地藏王殿、五百罗汉殿、送子观音殿以及药王殿等。这种布局形式，在全国也不多见。

## 五台山广仁寺

坐落在山西省五台山腹地的台怀镇。寺内收藏着著名的藏文经书《丹珠尔》和《甘珠尔》。

广仁寺建于清道光年间(公元1821—1850年)。这里原是罗睺寺的接待处。当清朝政府在康熙时期,将罗睺寺从和尚庙改为喇嘛庙后,蒙、藏两族同胞来此朝拜者日益增多。道光时期,便把该寺的接待处改成一座寺庙,并取广施仁慈、接待八方来客之意,将寺定名为广仁寺。

广仁寺有院落三重,房屋五十余间。除山门、钟楼和鼓楼之外,天王殿、文殊殿(宗喀巴大师殿)和大佛殿(弥勒殿),分别是一二三层院落的主殿。两侧为二层配楼,是来客接待处。在宗喀巴殿中,主供头戴尖帽的宗喀巴像一尊。在两侧的木格中,有宗喀巴的小铜像千尊。

大佛殿两侧的经架上,保存着藏文经书《甘珠尔》和《丹珠尔》。《甘珠尔》为佛说经律。《丹珠尔》是佛的弟子和祖师们的著作。这是广仁寺中保存的最为珍贵的文物。

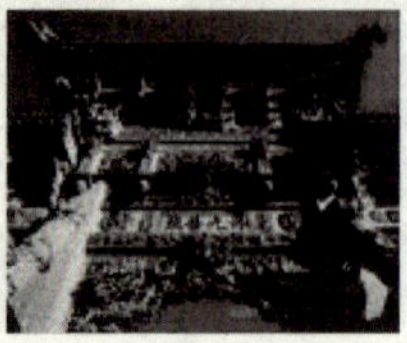

# 五台山龙泉寺

坐落在山西省五台山中台山麓，距台怀镇五公里。此寺以雕刻精美的和尚墓塔和石牌楼享誉全国。

龙泉寺始建于宋代，是杨家将的家庙。明代重修，清末民初扩建，由家庙成为一座佛寺，是南山寺的下院。因寺东沟内有一眼泉水，故名龙泉寺。

龙泉寺占地面积一万五千九百多平方米，有大小房屋一百六十余间。从横向看去，全寺分东院、中院和西院三大部分。东院有天王殿、观音殿、大雄宝殿等建筑。中院有门殿、宗堂殿和祖师堂等建筑。各院之间以门相通。

在中院后部的小院中，有一座汉白玉石喇嘛塔。全塔雕刻精美。塔上雕有小佛像百余尊。四面拱形门中，各雕弥勒佛像一尊。塔肚上刻有《般若心经》一部。这就是著名的南山寺第一代住持普济禅师的墓塔。塔上还刻有普济少年、青年、中年和老年的图像。

山门之外的一座四柱三门的汉白玉石牌楼，是龙泉寺诸多文物中的精华。牌楼上的楼头、拱券、佛像、鸟兽、花卉、果品等，形态逼真，做工精细。据统计，牌楼上雕有蟠龙八十九条，柱础上刻有石狮二十只。有的部分细如发丝，有的部分薄若蝉翼。这是定襄县宏道镇胡明珠等人，在1916年到1922年间留下的杰作。

# 平遥双林寺

位于山西省平遥县西南的桥头村，距城六公里。此寺以保存完好、数量众多的古代彩色泥塑像，彪炳海内外。1988年，国务院把它列为全国重点文物保护单位。

双林寺始建年代不详。据寺内碑文记载，此寺重修于北齐武平二年(公元571年)。初名中都寺。宋代更名为双林寺。此后，双林寺几毁几建。直到清末，人们对该寺还在进行维修。1949年后，经过翻修、油漆，双林寺的面貌焕然一新。

双林寺占地面积一万四千多平方米。全寺坐北朝南，有大小殿堂十座。中轴线上的主要建筑有天王殿、释迦殿、大雄宝殿和佛母殿。钟楼、鼓楼、罗汉殿、武圣殿、地藏殿、土地殿、千佛殿、菩萨殿等，分列左右两侧。

在双林寺的各个殿堂中，到处都可以看到古代的各种彩色泥塑神像。在这里，有圆雕，有浮雕，有壁塑，也有悬塑。这些作品，有宋代的，元代的，也有明、清时期的，但以明代为主。据统计，全寺原有彩色泥塑像二千零五十二尊，现在保存完好者尚有一千六百五十一尊，真可谓是我国的一座古代彩色泥塑艺术宝库。

专家们一般认为，罗汉殿中的神态生动、表情丰富的罗汉像，具有浓厚

山西平遥双林寺菩萨殿千手观音塑像

山西平遥双林寺天王殿

的宋代风格，很可能是宋代的作品。天王殿中的金刚像、天王像、八大菩萨和弥勒佛像，是元代作品。释迦殿中的释迦牟尼佛、文殊和普贤菩萨像，以及墙壁上表现释迦牟尼生平事迹的四十八组悬塑像，是元朝和明朝时期的作品。千佛殿中的五百余尊和菩萨殿中的四百六十七尊彩色泥塑像，武圣殿中的关公故事像，以及佛母殿、地藏殿中的各类塑像，都是明代的作品。在这些塑像中，佛像庄严，菩萨像华贵，天王、力士像威武刚毅，侍女、供养人像身材苗条、温柔多姿，富有人情味。在神像的背后，或衬以云水，或衬以花木，楼台亭阁、鸟兽虫鱼杂陈其间，形象地反映了世界的丰富多彩，也表现了我国古代雕塑艺术的高超水平和杰出成就。有人说，不到双林寺就等于没有到平遥，这话一点也不过分。

## 平遥镇国寺

坐落在山西省平遥县东北的郝洞村北，离城区十二点五公里。寺内拥有我国现存建筑时间位列第三的地面木结构建筑物万佛殿，以及五代时期的泥塑像，明代的彩色泥塑像和壁画。1988年，国务院把它列为全国重点文物保护单位。

镇国寺始建于五代时期，初名京城寺。元、明时期增修。嘉靖十九年（公元1540年）改为今名。清朝雍正、乾隆、嘉庆年间多次维修，使镇国寺具有了今天这样的规模。

山西平遥镇国寺力士塑像

镇国寺的占地面积近一万一千平方米。全寺有院落两重。中轴线上的主体建筑有天王殿、万佛殿和三佛殿。钟楼、鼓楼、三灵侯殿、财福神殿、三郎殿、土地殿、罗汉殿、地藏殿等，位列两侧。禅院在寺西。

单檐歇山式的万佛殿，建于五代北汉天会七年（公元963年）。其

山西平遥镇国寺大殿

山西平遥镇国寺塑像

建筑时间仅次于五台南禅寺大殿、佛光寺东大殿之外，是在全国名列前茅的重要古建筑。清嘉庆二十年(公元1815年)大修。现殿宽十一点五七米，深十点七七米，总高八点八七米。这是一座有檐柱十二根的厅堂式建筑物。设计严密科学，施工精巧细致。殿内供奉的释迦牟尼佛像，阿难、迦叶神像，菩萨、供养菩萨、供养童子、天王等像共十一尊，均为五代作品。神像面容丰满，保持着唐代遗韵。

此外，天王殿是元代的建筑。钟楼内，保存着金代皇统五年(公元1145年)铸造的一口铜钟。地藏殿、三佛殿内，有明代彩色泥塑像。三佛殿内还有描绘释迦牟尼生平故事的壁画。这些，都是我国不可多得的历史文物。

# 交城玄中寺

位于山西省交城西北的山中，离城约十公里。这里是我国佛教净土宗的一座祖庭。此寺以保存众多的历代碑刻著称。

玄中寺始建于北魏延兴二年至承明元年（公元472—476年）。唐贞观年间（公元627—649年）赐名为石壁永宁禅寺。元和七年（公元812年）赐名为龙山石壁永宁寺。此时，寺宇得以重建。金大定二十六年（公元1186年），寺庙被火烧毁，元代重建。元末又为兵火所毁。明、清时期，数度重修。民国时期再度被毁。1949年后，重建了大雄宝殿、七佛殿、千佛阁等主体建筑，以及祖师堂、禅堂院等殿堂建筑。这就是我们今天看到的玄中寺。

山西交城玄中寺净土古刹山门

早在北魏时期，著名高僧昙鸾就在寺中创立了佛教净土宗，并写下了《往生

山西交城玄中寺鸟瞰

山西交城玄中寺殿阁

山西交城玄中寺佛像

山西交城玄中寺西方圣境殿

论注》,流传于世。唐代净土宗东传日本。这样,玄中寺便被我国和日本的净土宗信徒尊为祖庭。

玄中寺内保存的古碑非常丰富。在这里,有北魏、北齐和隋代的造像碑,唐代的戒坛碑、寺庄山林四至碑、石壁寺铁弥勒像颂碑,也有宋、元、明、清时期留下的石碑数十座。这是我国民族历史文化遗产中的宝贵财富。

# 长子法兴寺

在山西省长子县城东南十七公里处的崔庄山腰。寺的规模不大，但寺内的宋代塑像却很有名。1988年，国务院将它列为全国重点文物保护单位。

长子法兴寺始建于北魏神瑞元年（公元414年），初名慈林寺。唐嗣圣元年（公元684年）扩建，更名广德寺。宋元丰四年（公元1081年）更名为法兴寺。以后，屡经修缮，使该寺保存至今天。

在法兴寺的南北中轴线上，依次布列着舍利塔、圆觉殿和后殿。其中圆觉殿是寺内的主体建筑。

圆觉殿为宋元丰四年所建的遗物，面宽五间，进深三间，硬山式屋顶。殿内的青石八面柱和前檐青石墙上，分别雕有花纹和动物、莲花图案。佛坛正中有释迦牟尼坐像，二侧为文殊、普贤菩萨像。阿难、迦叶侍立于前。圆觉殿前隅，有两尊金刚塑像。这些佛像、菩萨像、金刚像的塑造，都很精美。然而，最令人称道的还是表现成佛修行门径的十二圆觉菩萨像。

十二圆觉像排列于圆觉殿两侧，每侧六尊，每尊高二米余。均为女性形象：高髻秀眉，上身半裸或全裸；或说法论道，或托腮沉思，神态自然。发髻不但形式多变，发丝亦清晰可辨，制作技术非常高超。塑像上还留有制作年代和工匠姓名，很可贵。这批塑像创作于宋代政和元年（公元 1111 年）。寺内的舍利塔、燃灯塔、东西二塔等，均为唐代遗物，亦是我国珍贵的民族文化遗产。

# 洪洞广胜寺

在山西省洪洞县东北的霍山，离城十七点五公里。寺内的飞虹塔、大藏经《赵城金藏》和元代壁画，被人们称为“三绝”。1961年，国务院把它列为全国重点文物保护单位。

广胜寺始建于东汉建和元年（公元147年），初名阿育王寺，又名俱卢禅寺。在北魏、北周的两次灭法中，广胜寺被毁。唐上元元年（公元760年）、大历四年（公元769年）重修，并更名为广胜寺。金贞祐年间（公元1213—1217年）寺毁，不久修复。元大德七年（公元1303年），广胜寺被地震所毁，延祐六年（公元1319年）重建。明清时期，广胜寺数毁数建。1952年、1961年，人民政府又拨款大修，使广胜寺的各类建筑得以妥善保护。

广胜寺分上寺、下寺和水神庙三个部分。上寺在霍山山顶，主要建筑有山门、大雄宝殿、毗卢殿、弥陀殿和飞虹塔。下寺在霍山山麓，主要建筑有天王殿、弥陀殿、大佛殿等。水神庙在下寺旁，主体建筑为明应王殿。

飞虹塔坐落在上寺的山门内，建于明正德十年至嘉靖六年（公元1515—1527年）。此塔为八角形，十三层，高四十七米。塔体砖砌，外施各种琉璃构件，使这座楼阁式宝塔不但坚固结实，而且形态美观，富丽堂皇。堪称是广胜寺的一绝。

山西洪洞广胜寺大殿

被称为广胜寺第二绝的大藏经《赵城金藏》，刻印于金代，它是我国历史上第一部汉文大藏经——宋代《开宝藏》的复刻本。《开宝藏》久已失传，《赵城金藏》弥足珍贵。在抗日战争时期，八路军战士和当地僧众共同努力，转移并妥善保存了这部经书。1949年，人们将它送到了北京。1982年出版的《中华大藏经》，就是以它为底本印制的。

广胜寺的第三绝元代壁画，主要保存在明应王殿内。此殿建于元延祐七年。现该殿建筑、殿内雕塑和壁画，都是那时的遗物。据测量，布于四面墙上的壁画，面积达一百九十平方米。在这里，有元代的广胜寺上寺图，有水神的内庭生活图，也有祈雨图、降雨图、打球图、卖鱼图、下棋图，以及难得一见的元代杂剧图。这是我国古代壁画中的上乘之作，十分可贵。

水神庙前的水池，人称海场。这就是霍泉的泉源。池中，泉水喷涌。池边，垂柳成行。这些，使古老的广胜寺显得分外的美丽。

# 永济普救寺

坐落在山西省永济县的峨眉塬上。寺内的莺莺塔具有特殊的回音、收音功能。它和意大利比萨斜塔等一起，并列为世界六大奇塔；同北京天坛回音壁、河南宝轮寺塔、四川潼南县大佛寺石琴一起，并称为我国古代四大回音建筑。

普救寺始建年代不详。隋朝时这里已有一座寺庙，名叫西永清院。唐代大修。五代时更名为普救寺。宋代重修。明嘉靖三十四年（公元1555年），寺庙被地震毁掉。嘉靖四十二年（公元1563年）重修。以后虽有维修，但寺内建筑损毁厉害。1924年的一场大火和以后日军的破坏，寺内殿堂毁坏殆尽。1985年起再度修复。

普救寺分前、后两大部分。前部为寺院，后部为花园。寺院部分又分东、中、西三条轴线。东路轴线上的建筑有前门、僧房、枯木堂、正法堂、斋堂等。中路轴线上的建筑有天王殿、菩萨洞、弥陀殿、罗汉堂、十王堂等。西路轴线上的建筑有大钟楼、塔院回廊、莺莺塔、大雄宝殿等。花园中有树木花草、亭台假山等。这就是人们所说的情侣园。

莺莺塔是一座楼阁式砖塔，方形，十三层，高七十六点七六米。塔内有甬道可以上达。此塔重建于明嘉靖四十二年（公元1563年），但还保持着某些唐

山西永济普救寺

山西永济普救寺庭院一角
(传说张生跳垣处)

塔的特征,如方形、塔檐微呈凹曲线等。如果在塔旁击蛙石处,以石相击,便可在蛙鸣亭中听到类似青蛙鸣叫的回声。环境清静时,人们可在塔内听到四五公里外村镇上的鸡鸣狗叫声。这便是莺莺塔所具有的回音和收音功能。很为奇特。

# 呼和浩特大召

又名银佛寺。大召是蒙语伊克召的意译。位于内蒙古自治区呼和浩特市玉泉区大召前街。此寺因保存着全国少有的释迦牟尼银佛像和曾经住过喇嘛教黄教首领,供奉过皇帝牌位,而闻名全国。

大召始建于明万历七年(公元1579年),赐名弘慈寺。崇祯十三年(公元1640年)重修,更名为无量寺。清康熙三十六年(公元1697年)扩建,并将主殿改铺黄色琉璃瓦。光绪年间(公元1875—1908年)增绘壁画。后经多次维修,使寺庙保存完好。

大召占地三万平方米。寺内重要建筑有山门、天王殿、菩提过殿、经堂和佛殿等。佛殿是大召的主殿。殿中供奉着三世佛像。其中释迦牟尼佛像是用银铸成的,旁边有观音及其弟子的神像,前面有宗喀巴、达赖三世和达赖五世铜像。

明代万历十四年(公元1586年),当大召的银佛像铸成时,达赖三世前来主持开光仪式,并住在召内的佛爷府中。清顺治九年(公元1652年),达赖五世前往北京,也在召内的九间楼住过。康熙二十四年(公元1685年),全国喇嘛教管理机构印务处设于召内。康熙三十六年(公元1697年),在银佛像前增设"皇帝万岁"金制牌位和宝座。上述种种,使大召的地位空前提高,声名大振,享誉全国。

# 包头五当召

位于内蒙古自治区包头市固阳境内。"五当"是蒙语柳树的意思。五当召，表示寺庙建于柳树沟内。五当召的藏文名称叫做巴达格勒，意思是白莲花。这是内蒙古自治区规模最大的一座喇嘛庙。1996年，国务院把它列为全国重点文物保护单位。

五当召建于清康熙年间(公元1662—1722年)。雍正五年(公元1727年)扩建。乾隆十四年(公元1749年)重修。乾隆二十一年(公元1756年)，赐名为广觉寺。现寺内建筑，均为清代遗物。

五当召占地面积约三百亩，有大小房屋二千五百余间。全召建筑，可分为六宫、三府、一陵。

所谓一陵，就是苏尔盖陵。这是召内历代高僧的灵堂，堂内存放着他们的骨灰。所谓三府，指的是甘珠尔府、章嘉府和洞阔尔府，这是历代活佛的住地。

所谓六宫，指的是苏古沁独宫、却依林独宫、洞阔尔独宫、当坎希德独宫、日木伦独宫和阿会独宫。这是喇嘛们念经、拜佛、集会、说法和举行宗教仪式的地方。其中，苏古沁独宫位置最前，也是召内最大的一座建筑物。宫分三层：一层为经堂；二层供奉释迦牟尼和宗喀巴塑像；三层为两座高大的铜

包头五当召正面

制曼陀罗，从上到下依次铸有宫殿、城墙、须弥山和云水图案。此外，在却依林独宫中，有全区最大的弥勒佛铜像。在日木伦独宫中，有全区最大的宗喀巴铜像。这些，都是五当召内很为珍贵的文物。

# 土默特右旗美岱召

坐落在内蒙古自治区包头市土默特右旗美岱乡。这是一座将寺庙、城堡和王府融为一体的古代建筑群。1996年，国务院把它列为全国重点文物保护单位。

此寺始建于明万历三年（公元1575年），初名福化寺，又名灵觉寺。其创始者是蒙古族土默特部归服明朝的首领、顺义王阿拉坦汗和他的妻子三娘子。清康熙年间（公元1662—1722年）改名寿灵寺。但是，人们却一直把它叫做美岱召。原因何在？明万历三十四年（公元1606年），西藏地区派迈达里活佛前来主持召务，影响很大。迈达里和美岱召发音相近，寺名便因此叫做美岱召了。

土默特右旗美岱召围墙门楼

美岱召占地四万平方米。平面为一个不规则的方形。全部建筑由一圈高达四米、用黄

土默特右旗美岱召俯视

土默特右旗美岱召壁画

土和石块修建的城墙围绕着。城墙上筑有角楼、马面,与城堡的建筑没有两样。

作为一座寺庙,美岱召建有经堂、大雄殿、罗汉堂和观音殿等。这是喇嘛们供佛、念经、说法和举行宗教集会的场所。其中,经堂和大雄殿是连在一起的,一前一后,布局特殊。在高达二十余米的大雄殿内,不但供有佛像、菩萨像,而且,满壁的彩画表现了佛的故事和佛教教义。以供养人面貌出现的壁画,还反映了当年蒙古族同胞的世俗生活。这是难得一见的。

作为王府,在美岱召内还有并不用于从事宗教活动的建筑。大雄殿后的琉璃殿,就是当年的阿拉坦汗接受朝拜的地方。楼院,是阿拉坦汗和他祖孙们的住地。太后庙,是阿拉坦汗妻子三娘子的骨灰供奉处。

由此看来,美岱召把寺庙、王府和城堡建筑巧妙地结合在一起,确属全国罕见。

# 辽宁义县奉国寺

又名大佛寺、七佛寺。坐落在辽宁省义县城内东街。寺内保存的辽代建筑、辽代彩色泥塑像和元代壁画，极为珍贵。1961年，国务院把它列为全国重点文物保护单位。

此寺始建于辽开泰九年(公元1020年)，初名咸熙寺。后改今名。过去，奉国寺的规模很大，殿堂也十分雄伟，香火也非常旺盛。史书屡有记载。但是，因为年久失修，再加上战火的破坏，使这座寺庙损毁严重。现在寺中的建筑，除大雄殿为辽代遗物外，山门、牌坊、无量殿、大雄殿西跨院等，均为清代遗物。

义县奉国寺山门

大雄殿是奉国寺中的主体建筑。这座大殿面宽九间，四十八点二米；进深五间，二十五点一三米；总高二十米。面积一千八百二十四平方米，这是我国现存最大的一座单层辽代大殿。殿内有立柱二十

义县奉国寺前景

义县奉国寺大殿

义县奉国寺大殿佛像

根。殿外有檐柱二十八根，梁、柱、斗拱等构件上，绘满了花草、流云等图案。殿内佛坛上，供着七尊高达八米的佛像。这些佛像，从左至右，依次为迦叶佛、居留孙佛、尸弃佛、毗婆尸佛、毗舍浮佛、拘那舍牟尼佛、释迦牟尼佛。在四面墙壁上，还绘满了绚丽多彩的壁画。在这里，除壁画为元代作品外，彩色泥塑神像和大殿建筑，均为辽代遗物。佛像两侧的胁侍菩萨，七佛两端的天王神像，也是辽代作品，很为珍贵。

在大雄殿的后门处，有一尊彩色泥塑观音像，这是明代遗物。在大雄殿的两侧，还有金、元、明、清修庙记碑十一座。这也为我们研究奉国寺的历史提供了宝贵资料。

# 千山龙泉寺

坐落在辽宁省千山北沟的半山腰上。这是佛教、道教圣地。著名风景区千山中的一座重要佛寺,西距鞍山市二十公里。

龙泉寺始建年代不详。传说,早在唐代这里就有了寺院。因为唐太宗东征时喝过这里的泉水,寺内泉流如龙,故名龙泉寺。明嘉靖三十七年(公元1558年)、万历二十一年(公元1593年),都对龙泉寺进行过修缮。以后,人们对该寺也多次维修, 终使龙泉寺成为千山的一处宗教活动场所和名胜风景区。

龙泉寺现有大小建筑二十余座。全寺依山而建。主体建筑分布在三层台地上:一层有法王殿、斋堂、客堂;二层有观音庙、东西配殿;三层有大雄宝殿等。山门、钟楼、鼓楼、藏经阁、弥勒殿、韦陀殿、毗卢殿、僧房等,则布于主体建筑四周。值得一提的是,弥勒殿坐南朝北,与其他佛教寺庙相反。弥勒像也面向北方,人称倒座弥勒。为何如此呢? 千山风水很好,唯北边是一个山口。为了不让好风水跑掉,人们便让弥勒佛面朝北方、镇住风水,倒座弥勒便因此出现了。

龙泉寺周围泉水清澈,松柏密布,石怪峰奇,景色优美,自古就是我国著名的游览区,至今仍吸引着八方游人。

# 黑龙江宁安兴隆寺

又名南大庙、石佛寺。位于黑龙江省宁安县的渤海镇西南，距县城三十五公里。寺内保存着我国唯一的渤海国大石佛和大石幢，很有名气。

据说，早在渤海国时期(公元698—927年)，这里就有一座寺庙。辽灭渤海国时，这座寺庙也被毁掉了。现在的兴隆寺，重修于清康熙初年。道光二十八年(公元1848年)，大火烧掉了部分殿堂。咸丰五年至十一年(公元1855—1861年)修复。1949年后，政府多次拨款维修，兴隆寺保存尚好。兴隆寺的现有建筑马王殿、天王殿、关帝殿、大雄宝殿、三圣殿等，都是清代遗物。然而，寺中最为珍贵者，却是渤海国留下的大石佛和大石幢。

大石佛端坐于三圣殿中的莲坛上。石佛面目慈祥，造型优美，反映了渤海国的石雕艺术水平。

大石幢又名石灯幢、石浮屠，位于大雄宝殿和三圣殿之间。石幢由塔刹、相轮、塔盖、塔室、莲花托、中柱石、莲花座和底座等组成。原高六点四米。因顶残，现高六米。塔室为八角形，外刻窗，上刻斗拱，与塔顶相接。塔顶为八角攒尖式，状如伞形，上刻屋脊和瓦垄，非常清晰。莲座上的花瓣，刻得很为生动。这是难得的渤海国历史文物佳品。

宁安兴隆寺大殿

宁安兴隆寺渤海国石灯

# 华东中南地区

## 上海玉佛寺

坐落在上海市安远路。寺内有从缅甸迎回的坐、卧玉佛各一尊，远近闻名。

玉佛寺建于清光绪年间（公元1875—1908年）。那时，普陀山的慧根和尚，经五台山、峨眉山前往缅甸，迎回玉佛五尊，并在上海留下坐佛和卧佛各一尊，建寺供奉。这就是最初的玉佛寺。后来，玉佛寺为战火所毁，由可成和尚筹资，于1928年重新建成玉佛寺。这就是我们今天看到的安远路玉佛寺。

上海玉佛寺匾

玉佛寺有三重院落，规模不大。中轴线上的主要建筑有山门、天王殿、大雄宝殿和玉佛楼。两侧，有卧佛堂、弥陀堂、观音堂和禅堂等。

玉佛楼高二层，位于寺的后部。楼上供着一尊高一点九米的玉佛坐像。佛像的头上和手上围着

上海玉佛寺玉佛

金带，镶有宝石，显得晶莹而又华贵。

卧佛堂在玉佛寺的西部院中。堂内供着一尊长零点九六米的玉佛卧像。这就是释迦牟尼的涅槃像。

在玉佛寺内，还存有历代佛像、唐人手写佛经，以及《清藏》、《频迦藏》、《续藏》、《大正藏》和藏文版的《藏经》等经书，都很珍贵。

# 上海龙华寺

位于上海市龙华镇黄浦江西侧。此寺以古刹、佛塔和桃花闻名。

关于寺庙的初建时间，众说不一。有的说它建于三国东吴赤乌五年(公元242年)，有的说它建于唐垂拱二年(公元686年)，皆无定论。北宋太平兴国二年(公元977年)重建。治平三年(公元1066年)更名为宝相寺。明永乐年间(公元1403—1424年)复名为龙华寺。以后，龙华寺三次为战火所毁，又三次修复。1957年、1979年又两度大修，使龙华寺恢复了旧貌。

龙华寺现有院落五重。中轴线上的主要殿宇有弥勒殿、天王殿、大雄宝殿、三圣殿和方丈室。两侧有钟楼、鼓楼、配殿和厢房。

北宋太平兴国二年修建的龙华塔位于寺南。这是一座八角、七层、砖木结构的楼阁式塔。高四十余米。飞檐翘角，风铃有声，玲珑动人。此塔虽经多次维修，但塔基、塔身依旧为宋代原物。

龙华寺内的历代文物很多。在这里，有古代留下的铜、石佛像，有缅甸送来的玉石佛像；有高达一点六米的明代铜钟，也有清朝康熙十七年（公元1678年)刻立的龙凤石幢。然而，立于花园中的北宋宝相寺界石碑，却格外引人注目。碑的正面刻着“宝相寺西南角界石”，侧面刻着“标外枝为大界相”。这是现存龙华寺建于宋代的可靠的历史见证。

上海龙华寺

上海龙华寺大殿

从明代起，龙华寺就是这一地区的名胜。从清代道光年间（公元1821—1850年）起，这里的桃花就远近闻名。现在，寺南的龙华公园内植有桃树数百株，是人们踏春、赏花的一个好去处。

# 上海嘉定真如寺

位于上海市嘉定县真如镇。寺内保存着元代修建的大殿，在我国南方很为少见。1996年，国务院把它列为全国重点文物保护单位。

真如寺始建于元延祐七年(公元1320年)。那时，寺庙的规模很大，殿堂林立，香火旺盛。后因年久失修，特别是战火的破坏，使寺院建筑毁坏严重。清光绪二十三年(公元1897年)，对正殿进行了大修。1967年，再度翻修正殿。然而，这座大殿的基本材料和基本形式，依然是元代的。

上海真如寺

真如寺正殿，面宽、进深都是三间，近似正方形。殿基用黄土和铁渣分层夯筑，厚达一点八至二米。这在其他同类古建筑物中很难看到。在殿内的梁枋和斗拱上，用毛笔写下了当时构件的俗称，如“上眉”(指阑额)、“六”(表示“头”)等。在内额枋底还有一行非常清晰的字迹，表明此殿建于元延祐七年。这些历史资料非常可靠，也非常珍贵。

# 南京灵谷寺

位于江苏省南京市中山陵东一公里处。寺内有我国现存最大的无梁殿，引人注目。

此寺始建于南朝梁天监十四年(公元515年)，初名开善寺，是梁武帝萧衍的女儿永定公主为宝志和尚修建的。唐乾符年间(公元874—879年)更名为宝公院。五代后唐改名为开善道场。北宋更名为太平兴国寺。明初改名蒋山寺。后，明太祖朱元璋赐名为灵谷寺。清初，寺为战火所毁。康熙、乾隆时重修。在太平天国时期，寺庙再度被战火毁坏。同治、光绪时重修。1928年，国民政府以无梁殿为中心，修建了国民革命军阵亡将士公墓，并修建了纪念塔——灵谷塔。1949年后，人们对无梁殿等建筑进行了维修，并将国民革命军阵亡将士公墓、纪念塔和灵谷寺一起，辟为灵谷公园。

灵谷寺的现有建筑主要有无梁殿和龙王庙。在龙王庙中，有大雄宝殿、观音殿等建筑。无梁殿宽五十三米，深三十七米，高二十二米。全部用长砖砌成。这是我国现存最大的无梁砖殿。殿内殿外，无梁无柱，建筑非常特殊。这是灵谷寺屡遭浩劫而唯一幸存的建筑物。1929年，国民政府把它变成了国民革命军阵亡将士的祭堂。现在，它是人们前来参观的重点。

灵谷塔是国民革命军阵亡将士纪念塔。建于1929年。八角九层，高六十米。内有孙中山先生对黄埔军校同学的演讲词，并有楼梯可以上达，观看周围风景。

# 南京鸡鸣寺

或称古鸡鸣寺。在江苏省南京市内的鸡笼山东麓。这是古都南京的一座古寺，香火曾盛极一时。

鸡鸣寺始建于东晋永康元年(公元300年)。南朝梁代大通元年(公元527年)定名为同泰寺。梁太清三年(公元549年)毁于兵火，后重建，定名为千佛院，但面积比原寺小了一半。之后，千佛院被雷火烧毁，南唐时(公元937—975年)再度重建，并定名为净居寺。后又更名为圆寂寺。宋代再重建，定名法宝寺。明洪武二十年(公元1387年)再建，改名鸡鸣寺。明弘治元年(公元1488年)、清同治年间(公元1862—1874年)又两度重修。1973年，鸡鸣寺的大部分殿堂被火烧毁。1981年重建，1989年又重修了药师佛塔，使鸡鸣寺恢复了明、清时期的规模。

鸡鸣寺的各种建筑随山布局。其主要建筑有山门、大雄宝殿、观音楼、豁蒙楼、景阳楼、药师佛塔等。楼内重塑了海岛图和观音三十二身像。泰国赠送的重达五吨的释迦牟尼和观音菩萨铜像，也供奉于寺内。

在梁代，鸡鸣寺有大殿六座、小殿十余座，以及高层佛阁、佛塔等建筑，规模大，香火盛，是南朝四百八十寺之首。梁武帝萧衍曾四次入寺舍身为僧。现在，鸡鸣寺的规模虽然比那时小得多，但寺旁有小九华山、玄武湖、鼓楼等

南京鸡鸣寺

古迹名胜，寺内山顶有一座八面七层，内有楼梯、外有平座栏杆、高达四十四点八米的药师佛塔，可以登高望远，所以它依旧是今日南京的一处游览胜地。

# 南京栖霞寺

坐落在江苏省南京市东北的栖霞山中峰西麓。寺内保存的南齐摩崖石刻造像、唐代石碑和五代的舍利塔，极为珍贵。1988年，国务院把它列为全国重点文物保护单位。

此寺始建于南齐永明七年（公元489年），初名栖霞精舍。这是由明僧绍舍宅为寺组建而成的一座寺院。唐高祖李渊将它更名为功德寺。宋代，先后更名为普云寺、崇极寺、虎穴寺、西霞禅寺。明洪武年间（公元1368—1398年）更名为栖霞寺。清咸丰年间（公元1851—1861年），寺宇为战火所毁。民国初年重建。

栖霞寺的现存主要建筑有山门、弥勒殿、毗卢宝殿、藏经楼和渡海大师堂（鉴真经念堂）等。

御碑亭位于山门外。亭中的石碑是唐高宗李治为舍宅为寺的富绅明僧绍撰文刻立的。这是寺内保存的一座珍贵的唐碑。

舍利塔在藏经阁的右侧。此塔初建于隋仁寿元年（公元601年），后毁，五代重建。这是一座八角五层的石塔，高十八米，人称舍利塔。塔基上雕有龙、凤和其他鸟兽、鱼虾等图案。塔的第一层，刻有佛祖从投胎到涅槃的八相故事。二层以上，刻有各种佛像。全塔雕刻精美，实为佳品。

南京栖霞寺

南京栖霞寺佛阁

千佛崖摩崖造像在舍利塔东侧。此处留有明僧绍的儿子明仲璋与僧人法度开创的造像，首刻于南齐（公元480—493年），比著名的洛阳龙门石窟开凿的时间还要早。这里有大小佛龛三百余座，佛像五百余尊，是我国石刻艺术的一座宝库。

# 扬州大明寺

坐落在江苏省扬州市城西的蜀岗上。这是一座以唐代高僧鉴真和尚东渡日本而彪炳史册的著名佛教寺庙。

此寺始建于南朝宋大明年间(公元457—464年),寺以年号名,隋朝更名为栖灵寺,唐末重建,改名秤平寺,宋代,复名大明寺,后寺毁。明万历(公元1573—1620年)、崇祯年间(公元1628—1644年),清顺治(公元1644—1661年)、康熙(公元1662—1722年)、乾隆(公元1736—1795年)、同治年间(公元1862—1874年),均曾重修。康熙时,复名栖灵寺。乾隆三十年(公元1765年),更名为法净寺。1980年,恢复了大明寺的名称。

大明寺的现有建筑,多为同治时期的遗物。其主要建筑有山门、大雄宝殿、牌楼和欧阳祠、谷林堂和御园等。

大雄宝殿是大明寺的主体建筑。殿内正中,供奉着释迦牟尼佛、药师佛和阿弥陀佛像。两侧,有十八罗汉塑像。佛像背后,有海岛观音的彩色泥塑像,鲜艳生动,引人注目。

鉴真经念堂在大雄宝殿后略偏东处。这是纪念东渡日本的唐代高僧鉴真(公元688—763年)的地方。纪念堂由门厅、碑亭、陈列室、正殿等组成。此堂建成于1973年。内有郭沫若书写的“唐鉴真大和尚纪念碑”,以及日本奈良

扬州大明寺大殿

扬州大明寺鉴真纪念堂

唐招提寺住持森本孝顺长老于1980年赠送的石灯，也很珍贵。

鉴真纪念堂后的欧阳祠，是纪念宋代著名文学家欧阳修的地方。寺后的平山堂，是一处最好的风景观赏点。堂南的谷林堂，是苏东坡为纪念老师欧阳修而修建的，很有历史意义。

# 镇江金山寺

坐落在江苏省镇江市西北、长江南岸的金山上。这里的山水风光和“寺裹山”的美景，自古有名。

此寺始建于东晋(公元317—420年)，初名泽心寺。南朝、唐朝，改名金山寺。北宋时，先后更名龙游寺、神霄玉清万寿宫等。元代，复名金山寺。清康熙皇帝玄烨题名“江天禅寺”。但是，人们依旧叫它金山寺。

从历史上看，金山寺的建筑非常雄伟，大小殿堂布满全山，香火十分旺盛，自古就有“寺裹山”的美称。虽然它也几度毁建，但却盛况不衰。可惜，1948年的一场大火，把包括大雄宝殿、藏经楼、大禅堂等辉煌建筑在内的三百多间房屋全部烧掉。1949年以后，人们先后修复了大雄宝殿、天王殿、观音阁和山门等建筑。“寺裹山”的美景，正在逐步恢复。

耸立在金山顶上的慈寿塔，是金山寺中的一座标志性建筑物。这座七级八面的楼阁式砖塔，初建于公元五六世纪的南北朝时期。以后几度毁建。现存之塔，建于清光绪二十六年(公元1900年)。它是人们观赏长江风光和金山寺全景的好地方。

从古至今，金山寺内名人汇集，传说故事甚多，留下的遗迹也不少。山腰上的妙高台，据说是南宋名将韩世忠夫人梁红玉击鼓抗金之处。台西的七峰

镇江江天禅寺(金山寺)大门

亭,是岳飞奉诏回临安,路过此地停留之处。塔下的法海洞、山脚的白龙洞,据说是白娘子、小青与法海和尚斗法之处。游人观之,莫不冥思遐想。

在金山寺的四宝室内,还存有周朝铜鼎、诸葛亮制作的一面铜鼓、苏东坡送给佛印禅师的一条玉带、明代画家文徵明绘制的一幅《金山图》。这是金山寺的四件传世之宝,也是全国不可多得的四件珍贵文物。

# 苏州寒山寺

坐落在江苏省苏州市城西的枫桥镇上。这是一座因寺而有诗、因诗而闻名的古刹。

此寺初建于南朝梁天监年间(公元502—519年),原名妙利普明塔院。唐朝,因名僧寒山任该寺住持,遂更名为寒山寺。后经不断维修,寺院建筑保存较好。1860年,寒山寺在兵火中被毁。光绪二十二年(1896年)至宣统三年(公元1911年)重修。1949年后,两度大修。现在,寒山寺已成为一处重要的宗教活动场所和风景名胜游览地。

唐代天宝十二年(公元753年),张继中了进士。不久,他来到苏州,游览寒山寺,并写下了名诗《枫桥夜泊》:“月落乌啼霜满天,江风渔火对愁眠。姑苏城外寒山寺,夜半钟声到客船。”情景交融、琅琅上口的诗篇,在民间广为传播。从此,寒山寺名声大振。钟声、古刹、客船、渔火,便成了人们争相观赏的美景。现在的寒山寺钟楼内,还悬挂着一口清光绪三十年(公元1904年)铸造的大钟,寒山古寺依然保持着唐代的古风古韵。

寒山寺的现存主要建筑有:山门、大雄宝殿、藏经楼、枫江楼、钟楼和碑廊等。在大雄宝殿的右偏殿罗汉堂中,有樟木雕造的金身罗汉像五百尊,这是寒山寺中的第一件珍贵文物。藏经楼内,有宋人书写的《金刚经》石刻。这

苏州寒山寺枫桥

苏州寒山寺钟楼

苏州寒山寺大雄宝殿

是寒山寺的第二件珍贵文物。在碑廊内，有唐人张继的《枫桥夜泊》诗碑，有岳飞、唐寅、文徵明和康有为等人的诗文碑，以及扬州八怪之一的罗聘绘制的拾得和尚画像碑等，也是寒山寺中极为珍贵的历史文物。

从1979年开始，寒山寺恢复了除夕夜间听钟声、迎新年的传统节日民俗活动，使古刹更富有古韵。

## 苏州云岩寺

又名虎丘寺，位于江苏省苏州市阊门外的虎丘山上，离市区三点五公里。此寺拥有中国斜塔虎丘塔，享誉海内外。1961年，国务院把虎丘塔列为全国重点文物保护单位。

云岩寺始建于东晋(公元317—420年)，初名虎丘寺。那时，东晋司徒王珣和其弟司空王珉在山上建有别墅，后舍宅为寺。唐初，因避高祖李渊祖父李虎之讳，遂更名为武丘报恩寺。宋至道年间(公元995—997年)重建，并更名为云岩寺。清康熙时(公元1662—1722年)又更名为虎阜禅寺。玄烨皇帝的御笔大匾“虎阜禅寺”，至今仍挂在寺的头山门上。

云岩寺的香火在南宋绍兴年间(公元1341—1368年)最盛，是我国东南的一大丛林。那时，寺中殿阁宏丽。千佛阁、转轮大藏殿、罗汉堂、伽蓝堂、水陆庵、大士庵等，金碧辉煌。但是，由于云岩寺多次被毁，从隋至清曾毁七次，寺中殿堂多已不存。现寺内建筑除二山门、虎丘塔较为古老外，头山门、大殿、御碑亭等，多是清末或以后的建筑。

二山门面宽三间，单檐歇山式屋顶。然而三间中只有两根脊梁，在中间相接，好似断梁，故又名断梁殿。这是元代建筑。

大殿面宽五间，进深四间，单檐歇山式屋顶。殿内正中供奉释迦牟尼像。

两侧为阿难和迦叶像。殿前有石阶五十三级，每一级上均可看见释迦牟尼佛像。人行其上，一步一点头，似在向佛祖礼拜。这种布局，寓意着人们正在走着善财童子五十三参成道的道路。

云岩寺的精华是立于寺中山顶的虎丘塔。虎丘塔也被叫做云岩寺塔。这是一座八面七级的木檐砖塔，高四十七米。此塔建成于北宋建隆二年（公元961年）。由于塔身北倾，已偏离中心线二点三米，其倾斜度仅次于意大利比萨斜塔（偏离中心线四点一米），故被称为中国斜塔。从我国古塔的发展历史看，虎丘塔还是四方、单壁、砖砌唐塔，是向宋、元时期多角、双筒、砖木混合塔转变的实物，非常珍贵。

“出城先见塔，入寺始登山。”“塔从林中出，山向寺中藏。”云岩寺和虎丘塔的景色历来很美。此外，在二山门与大殿之间，有试剑石、点头石、百莲池，寺周有剑池、孙武子台、憨憨泉，后山有小武当、通幽轩等古迹名胜，亦很引人入胜。

# 苏州戒幢寺(西园寺)

又名西园寺。位于江苏省苏州市的留园路。此寺以制作精美的清代五百罗汉像闻名于世。

此寺始建于元至正年间(公元1341—1368年),初名归源寺。明嘉靖年间(公元1522—1566年),这里是太仆寺卿徐时泰住宅的一部分。后来,其子将东院——留园作为宅第,将西园舍为寺庙。崇祯八年(公元1635年),正式定名为戒幢律寺。清咸丰十年(公元1860年),戒幢寺被兵火所毁,同治、光绪年间(公元1862—1908年)重建。这就是我们今天看到的戒幢寺。

戒幢寺的主要建筑有天王殿、大雄宝殿、藏经楼等。观音殿、罗汉堂等,分列两侧。此外,还有以放生池为中心的西花园,风景秀丽。

大雄宝殿是戒幢寺的中心建筑。殿内供奉着释迦牟尼佛、药师佛和阿弥陀佛等神像。在这三尊佛像的背后,还有彩塑的海岛观音,布局活泼,人物神态生动,极为精美。

然而,更令人称道的却是罗汉堂中的清代五百罗汉塑像。罗汉堂平面呈“田”字形。堂内有三十六条通道。堂的进门处,有一尊四面千手千眼观音像。这尊观音像是用四根香樟木拼接雕刻而成的:四面各有一个身躯,每个身躯各有二十五只手,每只手各有一只眼睛。这样的观音像,全国少见。

苏州戒幢寺大殿

苏州戒幢寺山门

苏州戒幢寺济公和尚像

在罗汉堂的中央，有我国四大佛教圣地五台山、普陀山、峨眉山和九华山的缩影。在交通不便的古代，人们到此一游，便算拜遍四大名山了，真可谓独出心裁、构思巧妙了。

罗汉堂中的五百罗汉塑像，尊尊形态生动，唯疯僧和济公塑像高出一筹。疯僧鸡胸、跛脚、歪嘴、斗鸡眼，形态非常丑陋，但他却敢于怒斥杀害忠良岳飞的奸臣秦桧，受人敬佩。济公表情丰富：从右面看满面春风，从左面看愁眉苦脸，从正面看不愁不笑。这样的塑像，确属难见。

# 吴江保圣寺

保圣寺，全名叫做保圣教寺，位于江苏省吴江县甪直镇西街。寺内保存的宋代泥塑罗汉像，是我国民族文化中的瑰宝。1961年，国务院将该寺列为全国重点文物保护单位。

保圣寺初建于南朝梁天监二年（公元503年）。唐、宋、元、明各代均有修缮。初建时，保圣寺占地一百余亩，有殿堂僧舍五千零四十八间，寺僧逾千人。由于年久失修，现寺中仅存清乾隆二十六年（公元1761年）重建、1974年再建的山门及两侧照壁，唐、宋、元、明、清均重新修建过的天王殿，唐大中八年（公元854年）初立、宋皇祐五年（公元1053年）重立的尊圣陀罗尼经咒石幢，以及宋代的幡竿夹等。而兴建于本世纪三十年代初的罗马式建筑古物陈列馆中所保存的宋代罗汉塑像，却是保圣寺中的稀世之宝。

保圣寺中的宋代罗汉塑像原有十八尊。1918年被当代著名学者顾颉刚、陈万里发现，并呼吁社会各界予以保护。1928年，因墙壁倒塌，砸坏了其中的九尊。蔡元培、马叙伦、叶楚伧、顾颉刚、陈万里等专家学者，再次呼吁并发起募资，由建筑专家蔡文照设计，兴修了这座古物陈列馆。雕塑艺术家江小鹏、谭田友将九尊罗汉修复，置于岩石嵯峨、浪花翻滚、流云似锦的背景前，陈列于古物馆内。

吴江保圣寺山门

吴江保圣寺罗汉像

吴江保圣寺罗汉像

这九尊罗汉像，居中者为禅宗祖师达摩。达摩闭目敛首，双手笼袖，盘腿而坐，似在苦修中已进入定境界。降龙罗汉二目圆睁，伏虎罗汉手臂高举，展现出一派健壮威猛的气势。讲经罗汉背微驼，嘴微张，似在娓娓说法。听经罗汉目微闭，神态谦恭，似在静心听讲。袒腹罗汉等也各具特色。总之，九尊罗汉，尊尊形神兼备，实在难得。

《吴县志》上说，保圣寺罗汉为唐代著名雕塑家杨惠之所作。杨惠之与著名画家吴道子齐名。从他的生平和创作经历看，杨惠之不大可能在保圣寺捏塑罗汉。而且，保圣寺罗汉像并不具有唐代瑰丽丰满的时代特征。清瘦隽秀，这恰恰是北宋时期的艺术风格。所以，人们普遍认为，保圣寺罗汉应为宋代作品。

# 杭州灵隐寺

坐落在浙江省杭州市西湖岸边的飞来峰下。这是我国一座著名的古代寺庙，至今仍享有盛名。

灵隐寺始建于东晋咸和元年（公元326年）。创始者为印度僧人慧理禅师。以后多次更名，先后叫过灵隐山景德寺、景德灵隐寺，灵隐山崇恩显亲禅寺等。清康熙皇帝题名“云林禅寺”。但是，这座寺庙仍以灵隐寺的名称驰名天下。

从历史上看，五代吴越国时期，灵隐寺的发展达到了顶峰。那时，全寺的建筑有九楼、十八阁、七十二殿堂，寺僧逾三千。到了清嘉庆二十一年（公元1816年），一把大火烧掉了灵隐寺的所有建筑。道光三年至八年（公元1823—1828年）重建。以后，人们又先后重建了大雄宝殿、天王殿等，使灵隐寺具有今天这样的规模。

灵隐寺的现存建筑，主要有天王殿、大雄宝殿、莲灯阁、大悲阁、回廊和厢房等。

大雄宝殿重建于清宣统二年（公元1910年）。钢筋混凝土结构，高三十二点六米。殿内有一尊净高九点一米的释迦牟尼佛像，是浙江美术学院师生和当地民间艺人，在1956年用二十四根香樟木雕刻而成的，非常精美。

杭州灵隐寺山门

在灵隐寺内，还保存着五代时期留下的石栏杆，北宋建隆元年（公元960年）建造的八角九层石塔两座，北宋开宝二年（公元969年）雕造的石幢一座，南宋留下的香樟木雕韦陀像一尊，明万历十八年（公元1590年）重建、高七米的理公塔（慧理禅师墓塔）一座等。这些，都是极为珍贵的历史文物。

在灵隐寺前有飞来峰，寺后有北高峰。寺内寺外清溪流淌，古木参天。古往今来，这里都是一处享誉全国的名胜风景游览区。时至今日，香客云集，游人如潮，盛况不减当年。

# 宁波保国寺

坐落在浙江省宁波市洪塘镇灵山的半山腰上，距市区约十五公里。寺中保存着我国南方少有的宋代建筑物。1961年，国务院把它列为全国重点文物保护单位。

此寺始建于东汉，初名灵山寺。唐会昌年间（公元841—846年）灭法，寺毁。广明元年（公元880年）重建。唐僖宗题名保国寺。后经不断维修，使该寺保存至今。

保国寺地处山区密林中。现存主要建筑有山门、天王殿、大雄宝殿、观音堂和藏经楼等。此外，寺内还有钟楼、鼓楼、僧房、斋堂和禅堂等建筑。

大雄宝殿是保国寺的主体建筑。这座单檐歇山式的大殿建于北宋大中祥符六年（公元1013年）。此殿周有回廊。屋顶翼角平伸，且稍稍上翘。殿内梁架被天花板和三个镂空藻井遮住，似为无梁殿。立柱粗壮，横断面为花瓣形，人称瓜棱柱。这种立柱，由中间一根大柱、四周十二根小柱拼接而成，表现了我国古代建筑师们用小材料制作大构件的高超水平。此殿从建筑之时起，蚊蝇不进，鸟雀不入，老鼠不宿，白蚁不蛀。原因何在？原来建殿所用的木料为黄桧木。这种木材具有一种特殊的味道，人虽然闻不到，但鸟、鼠、虫蚁却能嗅到。这样的建筑物，在全国的古建筑中是一个孤例，极为可贵。

宁波保国寺大殿

宁波保国寺藻井

# 宁波阿育王寺

坐落在浙江省宁波市东的育王山下，距市区约十六公里。此寺因有一座释迦文佛真身舍利塔，古今闻名。

传说，西晋太康二年（公元281年），为寻求释迦牟尼真身舍利的慧达大师来到这里，听到地下有钟声，祈祷三天，终见一塔从地下冒出，他便在此建舍修行。东晋义熙元年（公元405年），始建塔亭和殿堂。南朝梁普通三年（公元522年）增建殿堂，梁武帝赐名阿育王寺。之后，宋、元、明、清屡有维修和增建。1978年再度重修，使寺院再现旧观。

阿育王寺占地八万平方米，建筑面积一万四千多平方米，有大小房屋六百余间。中轴线上的主体建筑有天王殿、大雄宝殿、舍利殿和藏经楼。此外，寺内还有宸奎阁、云水堂、方丈殿、厢房等建筑。

舍利殿是阿育王寺的主体建筑，重檐歇山顶，屋面铺黄色琉璃瓦，灿烂辉煌。殿上悬挂着宋高宗题写的“佛顶光明之塔”匾和宋孝宗题写的“妙圣之殿”匾。殿中的七级石塔内，存放着高一尺四寸、宽七寸、内藏释迦牟尼真身舍利的宝塔一座。舍利为暗红色，从塔孔中可以看到。但因角度不同，人们看到的舍利会有红、黄、黑色之别。这是阿育王寺的镇寺之宝，珍贵之极。

在寺内，还有始建于唐、重建于元的上下二塔，北宋大文学家苏东坡写

宁波阿育王寺大门

宁波阿育王寺妙圣之殿

的《宸奎阁记》,以及清代乾隆年间刻印的大藏经一千六百六十二部、七千一百六十八卷等。这些也都属于珍贵文物。寺外,有佛迹亭、极目亭、金沙井、大权洞、冷泉和仙人岩等古迹名胜,历来受人关注。

# 宁波天童寺

坐落在浙江省宁波市东的太白山麓，距市区二十五公里。这是我国的一座古代名刹，也是日本佛教曹洞宗的祖庭。

传说，西晋永康元年（公元300年），义兴法师云游至此，结茅苦修。他的行为感动了玉皇大帝。玉皇大帝派太白金星化为童子，帮助义兴修建精舍。房屋建成后，太白金星腾云而去。于是，此山便被称为太白山。

天童寺始建于唐开元二十年（公元732年）。至德二年（公元757年），迁建于今址。乾元二年（公元759年），定名为天童玲珑寺。明洪武二十五年（公元1392年），改名为天童禅寺。历代多有修缮，使天童寺得以基本保持旧貌。

天童寺占地面积五万八千多平方米，现有大小房屋七百三十余间，且多为清代遗物。中轴线上的主要建筑有天王殿、大雄宝殿、藏经楼、先觉堂，以及罗汉殿、配殿和回廊等。

天童寺的建筑布局，有一个突出的特点，就是殿前有板壁走廊，庭院两侧有半封闭式回廊。这在其他古寺中甚为少见。

宋乾道四年（公元1168年），日本僧人荣西来到天童寺，向住持虚掩大师学法。嘉定十六年（公元1223年），另一位日本僧人道元来到天童寺，向住持如净大师学法，并将我国佛教曹洞宗带回日本。后来，天童寺高僧寂圆东渡

宁波天童寺正面

宁波天童寺佛殿

宁波天童寺藏经楼

日本，传授曹洞宗教义达七十余年之久。1990年11月24日，日本僧众刻立的《如净禅师崇恩碑》、《寂圆禅师参学碑》，在天童寺揭幕。可见，在中日友好交流史上，从古到今，天童寺都做出了自己的贡献。

# 奉化雪窦寺

坐落在浙江省奉化溪口镇雪窦山的半山腰上，离镇约五公里。这是一座历史悠久、屡经毁建、现今面目一新的古代名刹。

雪窦寺始建于晋，初名瀑布院，原址在雪窦山顶。唐会昌元年(公元841年)，迁于今址重修。咸通元年(公元860年)，寺为兵火所毁。咸通八年(公元867年)重建，更名为瀑布观音院。宋、元、明、清时期，曾三毁三建。1968年，由于白蚁等长期危害，雪窦寺除东厢房之外的建筑全部被毁，1986—1997年再度重建。

奉化雪窦寺横匾

宋咸平二年（公元999年)，宋真宗为雪窦寺题写了“雪窦资圣禅寺”的横匾。从此，雪窦寺之名一直沿用至今。而这块横匾，至今还悬挂于大殿门前。

雪窦寺占地面积一百二十四亩。中轴线上的主要建筑有山门、天王殿、弥勒殿、

奉化雪窦寺弥勒宝殿

奉化雪窦寺弥勒宝殿内二侧的彩色塑像

大雄宝殿、藏经楼等。钟楼、鼓楼、伽蓝殿、观音殿、五佛殿、念佛堂、祖师殿、地藏殿、延寿堂等分列两侧。全寺殿宇依山而建，布局严谨。

藏经楼为二层，处于寺的后部。楼的下层为法堂，上层为藏经楼。楼内存有光绪三十二年（公元1906年）光绪皇帝赐予的《大藏经》。

弥勒殿是最近一次重建时新增的一座大殿。殿内主供弥勒佛像。两侧墙上，绘有千尊姿态不同的弥勒像。这些弥勒像，布列于五台山、普陀山、峨眉山、九华山、雪窦山的背景中，形态生动，鲜艳夺目。

# 天台国清寺

坐落在浙江省天台城北的天台山麓，离城区约三公里。这是我国佛教天台宗的发祥地，也是日本天台宗的祖庭。

据记载，南朝陈太建七年（公元575年），智 大师到天台山建庵修行，创立佛教天台宗。隋开皇十八年（公元598年），始建天台寺。大业元年（公元605年），隋炀帝赐名国清寺。之后，国清寺数毁数建。今日的国清寺，重建于清雍正十二年（公元1734年）。1973年全面翻修，使国清寺恢复了往日的面貌。

国清寺占地一万九千六百平方米，有大小房屋六百余间。全寺的主要建筑有四殿：弥勒殿、雨花殿、大雄宝殿、观音殿；五楼：钟楼、鼓楼、方丈楼、迎塔楼、藏经楼；四堂：安养堂、妙法堂、斋堂、客堂；二亭：梅亭、清心亭。此外，寺内还有静观堂、修竹轩、禅堂等建筑。

国清寺中保存的文物非常丰富。其中，大雄宝殿内的释迦牟尼青铜像和两侧的十八罗汉楠木雕像，都是元代的遗物。此外，晋代书法家王羲之的独笔“鹅”字碑，唐代书法家柳公权的“大中国清之寺”匾，宋代书法家米芾的“秀岩”刻石，明代书画家董其昌的“鱼乐图”刻石等，均极为珍贵。梅亭之旁，还有一棵植于隋代的梅花树。寺外，还有一座高五十九点三米的八角九级砖塔，人称隋塔，实为宋代遗物。这些，也都极为珍贵。

天台国清寺山门

天台国清寺大殿

唐贞元年间(公元785—804年),日本僧人最澄到国清寺求法,并将天台宗带回日本。从此,国清寺就成了日本天台宗的祖庭。

# 普陀山普济寺

又名普济禅寺、前寺。坐落在浙江省普陀山白华顶南侧的灵鹫峰下。这是我国四大佛教圣地之一的观音菩萨道场普陀山的一座重要寺庙。主殿中供奉的观音菩萨及其三十二尊变身像，全国少见。

此寺始建于宋代元丰三年（公元1080年），初名宝陀观音寺。明初被毁。万历三十三年（公元1605年）重建。清初，再度被毁。康熙三十八年（公元1699年）重建，改名为普济禅寺。后经多次维修，普济寺各类建筑保存完好。

普济寺占地面积三万七千多平方米，建筑面积一万一千多平方米，有大小房屋三百余间。这是普陀山最大的一座佛教寺庙。天王殿、大圆通殿、藏经楼等，排列在中轴线上。伽蓝殿、罗汉堂、承德堂、关帝殿等位居两侧。庭院之中古木参天。全寺布局严谨，庄严肃穆。

大圆通殿是普济寺的主殿。此殿高十八米，宽四十二米，深二十八米。殿内正中供奉着一尊观音像，高八点八米。两侧，排列着三十二尊观音菩萨的变身像。这是二十世纪八十年代的作品。

唐代咸通四年（公元863年），当日本僧人慧萼在五台山迎得一尊观音像，试图东渡日本，在普陀山海面遇阻后，便在普陀山修建了“不肯去观音院”。这样，普陀山有了第一座寺庙。北宋元丰三年，普陀山修建了宝陀观音

普陀山普济寺前的放生池和多宝塔

普陀山普济寺山门

寺。南宋嘉定七年(公元1214年),规定普陀山各大小寺院主供观音神像。从此,普陀山就成了观音菩萨的道场。普济寺大圆通殿中的观音菩萨像如此高大,变身像又如此之多,其原因就在这里。

# 普陀山法雨寺

又名法雨禅寺、后寺。坐落在浙江省普陀山白华顶左侧光熙峰下。这是我国四大佛教圣地之一的观音菩萨道场，是普陀山的一座重要寺院。

此寺始建于明万历八年（公元1580年），初名海潮庵。万历二十二年（公元1594年），改名为海潮寺。万历三十四年（公元1606年），赐额“护国镇海禅寺”。后被火烧毁。清康熙二十八年（公元1689年）重建。康熙三十八年（公元1699年），赐额“天花法雨”，改名为法雨寺。后经不断维修，法雨寺保存依然完好。

依山而建的法雨寺，占地三万三千平方米，建筑面积九千多平方米，有大小房屋二百余间。天王殿、玉佛殿、圆通殿、御碑殿和大雄宝殿等，是该寺现存的主要建筑。

圆通殿又名九龙殿，是清康熙年间从南京明代故宫拆迁而来的建筑。这座重檐歇山式的大殿，面宽三十五米，进深二十米，高二十二米，屋面上铺着黄色琉璃瓦，雄伟壮观而又金光灿烂。这是法雨寺的主体建筑。殿内顶部的穹窿为拱圆形，中有一珠，九龙争抢，图案生动优美。这是其他佛教寺庙中不曾有过的。

圆通殿前，有两株粗壮高大的古银杏树。东侧，有一株长势奇特的龙凤柏。寺后，有秋似彩霞落地的枫香林。这些名木古树，为法雨寺增添了无限的光彩。

## 普陀山慧济寺

又名慧济禅寺、华顶山寺。坐落在浙江省普陀山白华顶右侧。这是普陀山三大寺院之一，与普济寺、法雨寺齐名。

慧济寺始建于明朝，初名慧济庵。清乾隆五十八年(公元1793年)扩建，改名慧济寺。光绪三十三年(公元1907年)大修。以后不断维修，使慧济寺保存完好。

顺山势而建的慧济寺，其主要建筑有大雄宝殿、天王殿、地藏殿、雷祖殿等，布列在横轴线上。配殿、斋堂、花园等，散布其间。山门之前的岩壁上，写有“佛顶顶佛”四个大字。因为白华顶又名佛顶山，这四个大字，清楚地表明了慧济寺的地理位置，同时也包含了浓厚的佛教意义。

普陀山慧济寺山门

慧济寺四周林木繁茂，四季常绿。寺西的一株鹅耳枥树，属于珍稀品种，已被列为国家二级重点保护植物。

# 合肥明教寺

位于安徽省合肥市淮河路东段。此寺因修建在三国时期曹操的教弩台上，远近知名。

据记载，早在南朝梁武帝时期，这里就有一座寺庙。后寺毁。唐代，人们在这里挖得铁佛一尊。唐大历年间（公元766—779年），人们又在梁武帝寺庙旧址重建佛寺一座，名为铁佛寺，后改称明教寺。十九世纪中期，明教寺为战火所毁，光绪十一年（公元1885年）重建。现存明教寺，就是那时的遗物。

明教寺的现有建筑，主要有山门、大雄宝殿、地藏殿，以及配殿、僧房等。在大雄宝殿内，有一口高达二米的大钟，钟上铸满了花纹、佛名，还有“明教寺”三个大字。

明教寺所在的教弩台，高五米，面积三千七百多平方米。这是当年曹操为对付东吴而训练强弩手的地方。台东有一口高于当地民房屋脊的古井，人称屋上井。井口石圈内侧，留有道道浅痕，据说这是当年人们取水时井绳磨下的痕迹。圈外有一行字迹：“泰始五年殿中司马夏侯胜造”。泰始是西晋的年号。泰始五年，就是公元269年。可见，这口古井真算得上是一位“老寿星”了。井水至今依然清冽甘甜。

教弩台上古松林中，还有听松亭等点景建筑。教弩松声，自古就是庐州八景之一。

# 安徽九华山化城寺

坐落在安徽省九华山中心九华镇的芙蓉峰下。这是我国四大佛教圣地之一的地藏王菩萨道场，是九华山的主寺。明、清时期，封建皇帝多次向此寺赐钱、赐匾、赐经书，盛极一时。

早在东晋隆安五年（公元401年），这里就有印度僧人杯渡结茅传法。唐至德二年（公元757年）始建寺庙，供奉地藏王菩萨金乔觉。建中二年（公元781年），将寺庙定名为化城寺。明宣德年间（公元1426—1435年）重建。万历年间（公元1573—1619年）扩建。清咸丰七年（公元1857年），寺内大部分建筑被火烧毁，光绪年间（公元1875—1908年）重建。这就是今日的化城寺。

依山而建的化城寺，有前厅、二殿、大雄宝殿和藏经楼等主要建筑。禅房、配殿、寮房、斋堂等，随山布局。整个寺庙的建筑，严谨而又活泼。

高达十米的大雄宝殿，是该寺的主体建筑。殿顶的九龙戏珠藻井，雕刻精美。殿内立柱上的对联："愿将佛手双垂下，摸得人心一样平"，耐人寻味。

高达二层的藏经楼，是化城寺最后一座重要建筑，也是该寺保存的唯一的一座明代大殿。此殿结构科学，殿内光线充足，不积尘土，也没有蛀虫，令人称奇。殿中保存的明正统五年（公元1440年）刻印的《涅槃经》，以及《华严血经》等，都是极为珍贵的文物。

九华山化城寺地藏殿

在大雄宝殿和藏经楼之间的小院墙壁上，还有明碑三座，清碑十一座。其中，《地藏圣迹碑》，记述了地藏王菩萨的生平和功绩；《祭田碑》、《香灯碑》、《捐输碑记》等，记述了人们捐钱、捐物的情况；《严禁弊害碑》，记述了寺僧受恶棍迫害的情况。这些，都是很为宝贵的历史资料，实在难得。

## 安徽九华山祇园寺

又名祇园庵、祇园，正名叫做祇园禅寺。位于安徽省九华山的中心九华街。这是我国著名四大佛教圣地之一的地藏王菩萨道场，是九华山一座重要寺庙。

祇园寺始建于明嘉靖年间(公元1522—1566年)。清代多次重建，其中以嘉庆年间(公元1796—1820年)重修的规模最大。1919年增修。1929年扩建。

祇园寺依山而建。寺中的主要建筑有山门、天王殿、大雄宝殿、光明讲堂、退居寮、方丈寮、衣钵寮等。此外，寺内还有法堂、斋堂、禅堂和新戒堂等。

祇园寺是根据释迦牟尼在古印度讲经说法的地方祇园的意境修建的。据说，在那里曾以黄金铺地，以表示对佛祖的尊崇。在祇园寺的山门前，有一条用百余块长方石板铺砌的甬道。石板中间雕有莲花，两旁雕有古钱币。这大概就是黄金铺地的意思吧。

祇园寺的山门又叫灵官殿，是一座顶铺黄色琉璃瓦的门楼式建筑。山门内供奉的护法主神是王灵官。众所周知，王灵官是道教的护法神。作为佛教寺庙的祇园寺，为什么要请它来护法呢？据说，佛教的护法神韦陀曾经杀死一名状元，地藏王菩萨不要它护法了，便请来了王灵官。在九华山，不但祇园寺，就是其他寺庙的护法神也都是王灵官，其原因就在这里。

九华山祇园寺

高达二十余米、顶铺黄色琉璃瓦的大雄宝殿，是祇园寺的主体建筑。四个翘角之下，挂有八只镂空花篮。殿内正中，供奉着释迦牟尼佛、药师佛和阿弥陀佛像。佛像的背壁上，有海岛观音塑像。后墙上有文殊和普贤菩萨以及十八罗汉塑像。佛像之前，有供桌一张，跪拜石一块，琉璃八角镂空灯一盏，皮鼓一面，大钟一口。在供桌上，雕有九龙盘珠、龙爪抓珠、力士扛鼎等图案，以及唐僧取经的故事等，生动优美，非常有趣。

# 安徽九华山肉身宝殿

又名肉身殿、肉身塔。坐落在安徽省九华山的神光岭上。这是地藏王菩萨金乔觉的肉身供奉处。它和地藏王菩萨成道处化城寺一起,同为九华山的重要佛教寺庙。

肉身宝殿始建于唐贞元十三年(公元797年)。金乔觉二十四岁出家,从新罗(今朝鲜)渡海来到九华山修行、传道,至九十九岁圆寂,共度过了七十五年时间。此时,离金乔觉圆寂已经过了三年。之后,人们对肉身宝殿屡有修葺。明万历年间(公元1573—1620年)扩建。清咸丰七年(公元1857年)火毁。同治年间(公元1862—1874年)重建。

九华山肉身殿

肉身宝殿长、宽均为十五米,高十八米。顶铺铁瓦,

九华山肉身塔

四周建有回廊。殿内雕梁画栋，富丽堂皇。一座八面七级、高达十七米的木塔，矗立于殿中。塔外雕有佛龛，龛内有地藏王菩萨的金身坐像。木塔内壁贴有地藏菩萨的《地藏本愿经》。而安放金乔觉肉身的三层石塔，就存放在这座木塔中。木塔之前，还有八角琉璃灯一盏，四季长明。这里，就是佛教信徒们敬仰的圣地。

在肉身宝殿之前，有八十四级石台阶，以及作为僧房和文物陈列室的东西厢房。殿后，有石砌的半月形瑶台一座，铁鼎三只和古花园一座。这就是人们所说的布金胜地。

在肉身宝殿中，还有唐至德年间（公元756—758年）皇帝赐给的璃龙金印和“利生”玉印，明万历年间（公元1573—1620年）皇帝赐给的龙印，以及明代的“八音石”，清代康熙年间（公元1662—1722年）铸造的金地藏渡海坐骑地听——独角兽等，都是极为珍贵的文物。

## 安徽九华山百岁宫

又名万年寺。坐落在安徽省九华山东崖之巅的摩空岭上。这是九华山的四大丛林之一，以殿堂建筑与岩石结合巧妙、无瑕和尚肉身立于殿内三百余年至今不腐，而闻名世间。

九华山百岁宫

此寺始建于明万历年间（公元1573—1620年）。那时，一位叫做海玉、字无瑕的和尚（公元1513—1623年）来到此处结茅修行。因那时此地名叫摘星亭，他所建的茅庵，便被称为摘星庵。无瑕活了一百多岁，人们以为他是菩萨应身。明崇祯皇帝赐钱赐物，将无瑕和尚赐为应身菩萨，并改庵为寺，定名为百岁宫。清康熙五十六年（公元1717年），寺被火毁。康熙六十年（公元1721年）重建。道光六年（公元1826年）重修，十九年（公元1839年）扩建，更名为万年禅寺。以后经多次维修，使百岁宫的建筑保存至今。

百岁宫现有大小房屋九十九间半。它们

九华山百岁宫大雄宝殿

都修建在高低错落的天然岩石上。上下一体，左右相通，布局灵活。从远处看去，殿堂上部高低一致，但屋基却修建在高低不一的岩石上。墙壁有长有短，屋内的地面有宽有窄、有方有圆。这一切，完全由岩石的形状和面积决定。这种将房屋与天然岩石巧妙结合在一起的古建筑群，在全国各地很难看到。

大雄宝殿宽十六米，深、高均为十五米，面积并不算大，但它却是百岁宫的主体建筑。大殿的地面、南墙墙基和后墙，均是两块削制过的天然岩石。正面佛龛中，供着释迦牟尼佛、文殊和普贤菩萨像。东面佛龛中，供着禅宗始祖达摩像。西面佛龛中供奉的就是古今闻名的无瑕和尚肉身。无瑕和尚身披袈裟，头戴僧帽，三百多年来坐在空气流通的殿堂内，至今不腐，可谓罕见。

大雄宝殿之前，有左右厢房。这是客堂、库房和钟房。墙上，有清代留下的诗文碑、捐钱捐物碑二十余块。这是记录百岁宫历史的可靠资料。

百岁宫周围古柏参天，松树密布，山泉、奇石、古洞点缀其间，风景非常美丽。

# 福州涌泉寺

坐落在福建省福州市东郊的鼓山半山腰上。这是鼓山风景区的中心景点。寺内保存的北宋陶塔、铜铁大锅、近万块佛经、佛像木雕板，闻名海内外。寺外的数百处摩岩石刻，也很有价值。

据传，此处在唐建中四年（公元783年）曾建寺院，名叫华严台。五代后梁开平二年（公元908年）重建。北宋咸平二年（公元999年），宋真宗赐额“鼓山白云峰涌泉禅寺”。明永乐五年（公元1407年）定名为涌泉寺。次年，寺被火烧毁。宣德元年（公元1426年）重建。今日的涌泉寺保持着明嘉靖年间（公元1522—1566年）的格局，但殿堂建筑却是清代遗物。

排列在涌泉寺中轴线上的主要建筑有：天王殿、大雄宝殿和法堂。东西两侧，分别建有钟楼、鼓楼、印经楼、宝积仓、学戒堂、弥陀厅、圣箭堂、如意堂、念佛堂、白云堂、斋堂、祖堂、观音阁等。

陶塔矗立在天王殿前两侧。两塔均为八角九层的楼阁式塔，高六点八三米。东塔名为庄严劫（过去佛）千佛塔，西塔名为贤劫（现在佛）千佛塔。两塔之下均有石座，上雕狮子、力士、花卉等图案。塔顶为宝葫芦形。檐下悬挂铃铎。塔壁每层均雕佛像。两塔各有佛像一千零七十七尊。塔刹、塔身和七十二枚铃铎，都是宋元丰五年（公元1082年）用陶土烧成的。在塔座上，还留有

福州涌泉寺

陶塔的烧制时间、捐舍者和工匠姓名，非常可贵。1972年，这两座陶塔才从南台岛的瑞龙寺移至此处。

北宋景祐年间(公元1034—1038年)留下的四口铜铁大锅，现存于香积厨内。其中最大者，直径一点六米，深零点八米，可盛水二百担，煮米五百斤，供人食用。

明、清时期，涌泉寺是我国佛经、佛像的一个重要刻印点。现在尚有当时留下的木刻印板近万块，保存在藏经殿内，非常可贵。

在涌泉寺外的岩壁上，保留着从宋到清近千年的摩崖石刻三百余处。隶、楷、行、草俱全。这是研究我国古代石刻的宝贵资料。

涌泉寺外，风景处处，山石树木和各类古建筑琳琅满目。从古到今，这里都是一处百看不厌的风景名胜区。

## 福州西禅寺

位于福建省福州市西郊怡山的永钦里。这是一座古今名寺。它在本地和国外，都有下属寺院，全国少有。

早在南朝梁代时期（公元502—589年），这里就建有一座道观。隋代观毁。唐贞元十二年（公元796年）重建，定名冲虚观。咸通八年（公元867年），名僧大安来此传法，改观为寺，定名清禅寺。五代吴越长兴四年（公元933年）改名长庆寺，俗称西禅寺。宋、元、明、清时期多次维修或扩建。1928年重修。1941年，日本飞机炸毁部分建筑，后修复。1956年、1979年再度重修。1986年，兴建报恩塔一座。现在，西禅寺规模依旧。

西禅寺面积不小，殿堂、房舍数量不少。天王殿、大雄宝殿、法堂、藏经楼等，位于中轴线上。钟楼、鼓楼、功德堂、伽蓝堂、念佛堂、玉佛楼、明远阁、如意楼、报恩塔、方丈室等，位列两侧。此外，寺里还有放生池、放生园、寄园等园林风景建筑。

西禅寺内，唐代名僧懒安禅师塔真身记石碑、慧棱禅师塔、七星井等，都是唐代遗物。清康熙皇帝书写的《药师经》，也很珍贵。

从历史上看，福州地区的开化寺、护国寺、观音阁、万寿头陀寺等，都是它的下属寺院，并由西禅寺派任住持和尚。新加坡双林寺、马来西亚双庆寺、越南南普陀寺等，也是它的下属寺院，并由它派任住持和尚。现在，国外的寺院仍然附属于它。报恩塔就是由它们捐资，于1986年修建成的。

# 泉州开元寺

位于福建省泉州市西街。寺内保存着隋代铸造的阿弥陀佛铜像，南宋修建的石塔、铸造的大钟，以及表现印度教内容的石雕，极为珍贵。1982年，国务院把它列为全国重点文物保护单位。

此寺始建于唐垂拱二年（公元686年），初名莲花寺。长寿元年（公元692年），更名为兴教寺。神龙元年（公元705年），更名为龙兴寺。开元二十六年（公元738年），唐玄宗赐名为开元寺。五代至宋代，开元寺的发展达到了顶峰，全寺的分院和支院达一百二十余所。元至元二十二年（公元1285年），人们将所有的分院和支院合为一寺，统称大开元万寿禅寺。元至正年间（公元1341—1368年），寺为火毁。明洪武、永乐年间（公元1368—1424年），再度重建。后经不断维修，开元寺仍然保持着很大的规模。

开元寺占地面积七万多平方米。中轴线上的重要建筑有紫云屏、山门（天王殿）、拜亭、拜庭、大雄宝殿、甘露戒台和藏经阁。两侧，对称和不对称排列的准提禅寺、尊胜院、水陆寺、功德堂、檀樾祠、东塔、西塔、廊庑和僧舍等。

大雄宝殿初建于唐，重修于明。此殿面宽九间、进深六间，高二十米，重檐歇山顶，是该寺的主体建筑。殿内正中供奉着五方佛像，后厅供奉有观音菩萨像，两侧排列着十八罗汉像。殿内的八十六根立柱，高大粗壮。梁柱之

泉州开元寺
斗拱伎乐

间，有二十四尊人兽鸟身的飞天像。其中，十二尊头顶桁梁，身入立柱，起着斗拱的作用。飞天上身前探，胸部半裸，双手或捧箫，或抚琴，或弹琵琶。这是殿内的装饰，更是优美的建筑艺术。

在大雄宝殿前有月台一座。在月台的东、南、西三面腰上，雕有七十二尊狮身人面像。在后廊正中分作上、中、下三部的两根石柱上，共有二十四幅印度教大神克里希那（大黑天）的故事浮雕图案。这些石刻艺术品，是明代重修时从印度教寺庙的废墟中移来的。它反映了中印文化交流的历史。

开元寺的东西二塔，位于东西廊外的草坪上。二塔相距二百米。它们都是八角、五层、仿木结构的花岗岩石塔。东塔叫做镇国塔，高四十八点二四米。西塔叫做仁寿塔，高四十四点零六米，这是我国现存最大的一对古代石塔。每层塔身上，均有四龛四门。各层门龛相间。门旁刻有天王、罗汉像。塔檐角下，悬有风铃。每塔各有风铃四十只。塔外有平座栏杆。塔内有楼梯上达。这两座塔初建于唐，为木塔。后改为砖塔。南宋时改为石塔。绍定元年（公元1228年）始建西塔，十年完成；嘉熙二年（公元1238年）始建东塔，十二年完成。

在藏经阁内，保存着隋代铸造的阿弥陀佛铜像一尊。在藏经阁前的天井中，有南宋铸造的大钟十二口。在拜庭前的院中，有南宋修建的方形石塔一座。此外，寺内还保存着历代用金粉、银粉和血书写的佛经，以及木雕、玉雕、铜铸和瓷制的佛像、菩萨像等。这些都是非常难得的历史文物。

# 漳州南山寺

坐落在福建省漳州市南郊的丹霞山麓。濒临九龙江。这是一座闽南名刹。寺内保存着宋代神像和元代大钟。

此寺始建于唐开元年间(公元713—741年),是太子太傅、忠顺王陈邕舍宅为寺修建的,初名延福禅寺。后屡经毁建,明天启年间(公元1621—1627年)更名为南山寺。寺内今存殿堂,为清光绪年间(公元1875—1908年)的遗物。

南山寺的主要建筑有山门、天王殿、大雄宝殿、藏经殿和陈太傅祠、石佛阁等。

在大雄宝殿中,供有释迦牟尼佛、阿弥陀佛和药师佛像,以及阿难、迦叶的神像。这是宋代的作品。殿左挂着的一口大钟,高一点八米,重七百公斤。这是元延祐年间(公元1314—1320年)的遗物。此外,在藏经殿内,还有血书《华严经》、贝叶经和藏经,以及从缅甸运来的大理石佛像一尊。这些,都是南山寺的珍贵文物。

# 江西庐山东林寺

位于江西省庐山的西北麓，北倚东林山。这里是我国佛教净土宗的发源地。唐代，随鉴真大师东渡日本的东林寺高僧智思，将净土宗带到日本，并在那里创立东林教。因此，庐山东林寺被我国净土宗和日本东林教尊为祖庭。

东林寺始建于东晋太元六年(公元381年)。其创建者为慧远大师(公元334—416年)。隋、唐时期，东林寺香火很盛，被称为“万僧之居”。元、明、清时，东林寺屡为兵火所毁，又多次重建。比如，明洪武六年(公元1373年)重修该寺。万历年间(公元1573—1620年)，又修建了神运殿、净业堂、禅房等。清初，还修建了五如来殿、远公影堂等。以后，这些殿宇再度被毁。今日寺中的正殿、神运殿，以及三笑殿、念佛堂(又名十八贤影堂)、文殊阁等，均重建于清末，并经多次维修，才具有今日的面貌。

庐山东林寺门额

东林寺红墙绿瓦，竹树掩映，风景秀丽。神运殿中，供有释迦牟尼佛、文殊和普贤菩萨，以及阿难

庐山东林寺

和迦叶的塑像。念佛堂是慧远大师创立、传播净土宗，并和另十七人结白莲社之讲经处。现堂内供奉着十八贤的塑像。此外，神运殿东窗下，还嵌有唐代名书法家柳公权的真迹残碑，实在珍贵。

东林寺前有座虎溪桥。据说，慧远在东林寺修行，专心致志，影不离户，送客不逾虎溪桥。一日，他送著名诗人陶渊明、著名道士陆修静出寺，边走边谈，不觉已过拱桥。此时，守桥的“石虎”大叫，三人相对而视，突然醒悟，大笑不已。“虎溪三笑”的故事一直流传至今。三笑堂也因此而建。

## 山东长清灵岩寺

坐落在山东省的长清县方山灵岩峪，距省会济南四十公里。寺内保存着闻名遐迩的宋代彩色泥塑罗汉像和数量位居全国第二的和尚墓塔林，1982年被国务院列为全国重点文物保护单位。

灵岩寺于公元三世纪中叶由朗公和尚创建。传说，朗公说法，乱石点头，故将寺名定为灵岩寺。北魏太和三年（公元479年）重建。隋、唐、宋、元、明、清各代，均有维修和增筑。从宋真宗（公元998—1022年在位）时起，寺院住持由皇帝钦定。清朝乾隆皇帝七下江南，每次皆住此寺，并题诗、题字八次。可见，此寺的历史地位是很高的。

长清灵岩寺千佛殿

灵岩寺的现存建筑主要有山门、千佛殿、辟支塔，

长清灵岩寺塔林

以及鼓楼、牌楼、御书楼和唐代以来的和尚墓塔等。其中，牌楼和鼓楼为元代建筑，千佛殿为明代建筑。

千佛殿面宽七间，进深五间，是灵岩寺的主体建筑。唐、宋时期，这里是大雄宝殿。明万历十七年间（公元1573—1620年），人们在殿的内壁上，镶上了带木雕和铜铸小佛千尊的木板，从此便把它称为千佛殿。现殿内尚有小佛像数百尊。

千佛殿中最为珍贵者，当推位居两侧的四十尊彩色泥塑罗汉像。罗汉像高一米至一点二米不等。其形态生动，表情丰富，清代学者梁启超赞它为"海内第一名塑"。这些罗汉像原为五百尊，创作于宋宣和六年（公元1124年）。因此，十分珍贵。

辟支塔在千佛殿西侧。这是一座高五十四米，八角九层的砖塔。塔刹为铁制，塔形秀丽典雅，甚为壮观。

和尚墓塔林位于寺西。这里有从唐到清的和尚墓塔一百六十七座，其中以元塔和明塔为主。从塔的数量上说，它仅次于河南登封少林寺，在全国位居第二。

在御书阁中，还有历代刻石四百二十三块。珍贵的云檀树、汉代的柏树、晋代的银杏树等古树名木，也为千年古刹灵岩寺添光增彩。

## 河南洛阳白马寺

位于河南省洛阳市东郊，距市区十二公里。这是我国历史上修建的第一座佛教寺庙。我国的第一部佛经也在这里诞生。1961年，国务院把它列为全国重点文物保护单位。

此寺创建于东汉永平十一年（公元68年）。因我国的第一部佛经是用白马驮回的，故名白马寺。其建筑时间之早，在全国位居第一。从西方取回的第一部经书《四十二章经》，也在这里翻译完成。因此，白马寺也被尊为“释源”。白马寺自建成之后，备受封建皇帝重视，历代均有程度不等的维修或扩建，其中以唐垂拱元年（公元685年）、明嘉靖三十五年（公元1556年）修缮的规模最大。金大定十五年（公元1175年），又增修了一座高三十五米的十三层砖塔，这就是我们今天看到的齐云塔。1972年，人民政府又对白马寺进行了全面修复，使古寺恢复了旧观。

白马寺占地面积四万多平方米。其主要建筑有山门、天王殿、大佛殿、大雄殿、接引殿和毗卢殿。祖堂、客堂、碑堂、方丈院、摄摩腾殿和竺法兰殿等位居两侧。

大雄殿是白马寺的主殿。殿中供奉着释迦牟尼佛、药师佛和阿弥陀佛像。东西两侧，排列着十八罗汉的夹纻脱沙漆像。这是元、明时期的遗物，非

洛阳白马寺天竺僧墓

常珍贵。

建于清凉台上的毗卢殿，位于寺的后部。两侧有摄摩腾殿和竺法兰殿。摄、竺二人，是汉明帝刘庄派人从西域请回的高僧。白马寺就是为他们居住和翻译佛经而修建的。为纪念他们对我国佛教发展做出的贡献，人们在寺中为他们建殿塑像。现在，不仅殿、像皆存，而且，埋葬他们遗骸的坟墓，也还留在寺的山门内。

白马寺中历代碑刻甚多。其中，较为著名者有：金代的《释源白马寺舍利塔灵异记》碑、《断文碑》，元代的《洛京白马寺祖庭记》碑，明代的《重修古刹白马禅寺记》碑，清代的《白马寺六景》碑等。

# 登封少林寺

坐落在河南省登封县西北的嵩山西麓，离县城十三公里。这里是我国佛教禅宗和少林武术的发祥地，塔林中的和尚墓塔数量位居全国第一，有“天下第一名刹”的美誉。1996年，国务院把少林寺塔林列为全国重点文物保护单位。

此寺创建于北魏太和十九年（公元495年）。因此寺处嵩山第二峰少室山北的树林中，定名少林寺。孝昌三年（公元527年），印度僧人菩提达摩到寺传播禅宗教义，达摩成为禅宗初祖，少林寺成为禅宗祖庭。禅宗讲究静坐苦修。为防止疲劳和身体衰弱，寺僧们模仿虎、猴、鸟、蛇等动物，创造了心意拳。为护寺和军事的需要，寺僧们又加进了擒拿格斗等动作和刀、矛、戈、戟等器械，创造了少林武术。唐初，少林寺僧保护李世民有功，唐太宗向少林寺赐田赐物，特许寺僧可以喝酒、吃肉，寺内可养僧兵五百。于是，少林寺声名大振，寺内建筑发展迅速，僧众近两千人。但是，除隋朝末年的一场大火外，清康熙年间（公元1662—1722年）和1928年的两场大火，使少林寺损失惨重。现今的殿堂和文物，都是那时的幸存者或以后的重建者。

少林寺包括初祖庵、二祖庵、达摩洞、塔林和常住院五大部分。

初祖庵在常住院西北一公里处。庵内有宋宣和七年（公元1125年）修建

登封少林寺山门

的大殿一座，以及禅宗六祖慧能的手植柏和四十多座古代碑刻。

塔林在常住院南一公里处。这里有唐贞元七年（公元791年）以后的历代住持和名僧的墓塔二百三十余座。这些墓塔均为砖石结构，从一级到七级，高二米至十五米不等。六角形、八角形、圆锥形、圆柱形等均有。这是研究我国古代砖石建筑和雕刻艺术的宝库。

常住院中的主要建筑有山门、天王殿、藏经阁、千佛殿等。此外，还有伽蓝堂、祖师堂、方丈室、达摩亭、地藏殿、白衣殿、锤谱院和碑廊等建筑。

千佛殿位于常住院的后部，重建于明万历十六年（公元1588年）。殿内保存着明代绘制的《五百罗汉朝毗卢》的壁画，面积达三百平方米。在砖铺的地面上，有许多下陷的小坑，人称“脚窝”。这是少林寺僧苦练武功的历史见证。

白衣殿又称锤谱殿，是千佛殿的东配殿。殿内除保存着《十三棍僧救唐王》和清朝道光年间（公元1821—1850年）的兵部侍郎麟庆看武僧表演等壁画外，还有少林拳谱的壁画。这在全国是难得一见的。

常住院中的古代碑刻甚多，且大多保存在山门后的碑林中。在这里，有唐碑、宋碑，也有明碑和清碑。其中，以唐太宗李世民亲笔书名的《赠少林寺主碑》和唐《大唐天后御制诗书碑》最有价值，也最为珍贵。

## 开封相国寺

位于河南省开封市内。这是我国的一座古代名刹。寺内保存着一尊银杏木雕四面千手千眼观音菩萨像,蜚声海内外。

此寺始建于北齐天保六年(公元555年),初名建国寺。这里,原是战国四公子之一的魏公子无忌的宅院。后寺被战火所毁。唐景云二年(公元711年)重建。延和元年(公元712年),唐睿宗为纪念自己从相王当上了皇帝,将寺庙赐名为相国寺,并题写了"大相国寺"的匾额。宋太宗、宋真宗,均对相国寺进行了大修,并于咸平四年(公元1001年)完工。明崇祯十五年(公元1642年),规模宏大、殿堂巍峨、灿烂辉煌的相国寺,在一次人为的黄河决口中被大水淹没。清初重

开封相国寺八角殿

开封相国寺木雕观音像

开封相国寺藏经楼

建。乾隆三十一年(公元1766年)大修,弘历皇帝亲题“敕修相国寺”匾额。道光二十一年(公元1841年)黄河决口,相国寺再遭厄运,损毁严重。1949年后,几度维修,终使相国寺恢复了往日的面貌。

相国寺现存主要建筑有天王殿、大雄宝殿、八角殿和藏经楼。

八角殿又称八角琉璃殿、罗汉殿。它是由回廊环绕着的一座亭式建筑。殿中有一尊高达七米的四面千手千眼观音像。这尊观音像雕造于清朝乾隆年间(公元1736—1795年)。像分四面,每面分四层,各雕手臂千只,精美之极。据说,这是雕刻师花了五十八年时间,用一棵银杏树木雕制成的。工艺之精,造型之美,观之令人惊叹。

# 汝州风穴寺

坐落在河南省汝州市东北山中，离城约十公里。寺内保存着唐代修建的塔、宋代铸造的钟和金、明时期的建筑。寺周有和尚墓塔八十余座，其数量仅次于登封少林寺、山东长清灵岩寺，在全国位居第三。1988年，国务院把它列为全国重点文物保护单位。

此寺始建于北魏（公元386—534年），初名香积寺。隋代重建，更名为千峰寺。唐开元年间（公元713—741年）重修，改名白云寺，俗称风穴寺。后唐长兴二年（公元913年）、后汉乾祐三年（公元950年）、明天顺、成化年间（公元1457—1487年），均曾整修。嘉靖三十一年（公元1552年）的地震、崇祯六年（公元1643年）的大火，使风穴寺毁坏惨重。清康熙五年（公元1666年）重修。后经不断维修，风穴寺的建筑保存尚好。

顺山势建造的风穴寺，其重要建筑有山门、天王殿、前大殿、中佛殿、毗卢殿、观音阁和钟楼等。其中，中佛殿重建于金，以后虽经重修，但仍保持着金、元时期的风格；毗卢殿、钟楼为明代建筑。钟楼内悬挂的一口重八百公斤的大铁钟，铸造于宋宣和七年（公元1125年）。

七祖塔又称七祖舍利塔。这是一座四角九层的密檐式砖塔。塔基成方形，较小。塔身由此往上逐渐变大，至中部以后逐渐变小，状似梭形。此塔建

汝州风穴寺大殿

于唐开元二十六年。塔内供奉着风穴寺名僧贞禅师的舍利。这是我国现存唐塔中的一件珍品。

在风穴寺周围，还有从一米到十余米高的各种形状和尚墓塔八十余座。这些塔或为砖砌，或为石砌。从元至清，各代均有，但以明、清两朝的遗物为多。

在寺的东南山上，有一个大风穴洞。在寺东的山中，有一个小风穴洞。这两个山洞均深不可测。时而吼声阵阵，时而白云翻滚，时而大风骤起。其奥秘何在，尚待考察、研究。

## 武汉归元寺

位于湖北省武汉市汉阳区翠微路西端。寺内有闻名全国的五百罗汉彩色泥塑像。

归元寺创建于清顺治十五年(公元1658年),康熙(公元1662—1722年)、道光(公元1821—1850年)续建。后因战乱被毁。寺内今存殿堂,重建于同治三年(公元1864年)、光绪二十一年(公元1895年)以及民国初年。1972年全面维修。

归元寺占地面积二万多平方米,建筑面积一万四千多平方米。主要建筑有天王殿、韦陀殿、大雄宝殿、大士阁、藏经阁和罗汉堂等。此外,寺内还有念佛堂、斋堂、客堂、地藏殿、钟楼、鼓楼等建筑,以及翠微古泉、翠微池等名胜。

在归元寺中,大雄宝殿内有雕刻精美的柏木供桌,藏经阁内有全国少有的南宋《碛砂藏》等珍贵文物。但是,寺中最有名者当是五百尊彩色泥塑罗汉像。

归元寺的五百尊彩塑罗汉像,排列在平面呈“田”字形的罗汉堂中。在堂的中间,依次塑有弥勒佛、韦陀、阿弥陀佛、观音菩萨、释迦牟尼佛、文殊和普贤菩萨像。而五百罗汉塑像,却排列于堂的四周。这些罗汉像是湖北省黄陂县的民间艺人,用了九年时间塑造成的,非常精美。它们是珍贵的佛教文物,也是我国古代杰出的雕塑艺术品,深受人们喜爱。

# 当阳玉泉寺

坐落在湖北省当阳县西的玉泉山东麓，距县城约十五公里。寺内保存着隋代铁镬、宋代铁塔、元代铁钟和铁釜，很为珍贵。1982年，国务院把它列为全国重点文物保护单位。

早在东汉建安年间（公元196—220年），普净和尚便在此地结茅修行。之后，蜀汉皇帝刘备为感谢普净营救了关羽，便为他建寺一座，定名普净庵。南朝梁敬帝时（公元555年左右）重建，定名为覆船山寺。隋开皇年间（公元581—600年）再建，定名玉泉寺。宋天禧年间（公元1017—1021年）大修，改名景德禅寺。元、明、清时期，又多次维修，使玉泉寺得以保存至今。

玉泉寺的现存主要建筑有山门、天王殿、大雄宝殿和毗卢殿。此外，寺内还有藏经楼、般舟殿、东堂和西堂等建筑。

玉泉寺内保存的珍贵文物非常丰富。重檐歇山顶、高二十一米的大雄宝殿，建造于南宋。殿前有一只铁镬，高八十九厘米，口径一百九十七厘米。镬底，铸有五位扛镬的力士。镬腹，刻有一行文字："隋大业十一年岁次乙亥十月十八日当阳县治下李慧达建造镬一口用铁三千斤永充玉泉道场供养。"大业十一年，即公元615年。可见，这只铁镬是非常珍贵的。

玉泉寺铁塔，正名叫棱金塔或如来舍利塔，屹立在寺东的土山上。此塔

当阳玉泉寺大殿

为八角十三层的楼阁式铁塔，高十七点九米，重十万零六千六百斤。这是全国现存体量最大的古代铁塔。塔的每层各面均铸有佛像。二层，还铸有塔铭、重量、铸造时间和工匠姓名。在下层的八个角上，还各铸扛塔力士像一尊。力士肌肉饱满，强壮有力，造型生动。塔刹稍向北倾。据铭文所记，此塔铸造于北宋嘉祐六年(公元1061年)。至此，它已经在风吹日晒中屹立近千年了，可谓稀世之宝。

此外，在大雄宝殿前，还有元代铸造的铁钟、铁釜，明、清时期留下的铁鼎等文物。寺外，还有珍珠泉(跑马泉)等与蜀汉大将关羽有关的古迹名胜，历来都是引人注目之处。

# 黄梅五祖寺

位于湖北省黄梅县的东山上，离城十六公里。寺内保存着宋代的石塔、石印，元代的石桥，清代的石编钟等珍贵文物，全国知名。

此寺始建于隋朝末年，初名东山寺，亦名东禅寺、双峰寺。唐咸亨年间（公元670—674年）扩建。因被尊为禅宗五祖的弘忍大师（公元602—675年）在此讲经传法，被更名为五祖寺。宋代多次扩建。明万历年间（公元1573—1620年）重建。清咸丰四年（公元1854年）为兵火所毁。1938年，日军炮火又毁掉了大雄宝殿等建筑。1949年后，人民政府多次拨款维修，五祖寺逐渐恢复旧貌。

沿山而建的五祖寺，从山脚的"一天门"至山顶的"白莲峰"，建筑群落绵延三公里。重要建筑有山门、天王殿、麻城殿（毗卢殿）、圣母殿、观音殿、真身殿等。此外，还有钟楼、鼓楼、戒堂、禅堂、斋堂、方丈院等建筑。

五祖寺内，共有宋代石塔四座。其中，释迦多宝如来佛塔，离一天门不远。这是一座八角五层的灰色青沙岩石塔。塔的南面开有佛龛。龛内刻有佛像。龛的左侧，刻有募捐者的姓名。龛的右侧，刻写着石塔的名称。塔的下部，雕有八位托塔力士像。此塔建于北宋宣和三年（公元1121年）。七佛塔，或称诸佛塔，离释迦多宝如来佛塔不远。这是一座八面七级的灰色青沙岩石塔，高六点三六米。同上塔一样，此塔也建造于北宋宣和三年。但不同的是，此塔一层正面设佛龛，龛顶刻“十方”二字，龛下刻一个大“佛”字；其余几面，分别刻写着七如来的名字。其余各层的正面，均刻有佛龛、佛像，图案清晰。

北宋留下的汉白玉石大印，长、宽、高均为十一厘米，重二点五公斤。印把上雕着一只雄狮。印文为：“天下祖庭大满真身宝印”。印底文字为“宋真宗皇帝于景德年间敕雕”。大满是唐代宗给弘忍法师的谥号。可见，这是一只宋代石印，现存放在方丈院内。

元代修建的石桥，是用青条石垒砌的，长三十三点六米，宽五点一六米，高八点四五米。桥上建有凉厅，两端各建牌坊式门楼一座。此桥名叫飞虹桥，位于山门内。

寺内，还有禅宗六祖慧能捣米用过的坠腰石。白莲峰前，还有大满禅师的一座纪念性石塔。东山上下绿树密布，清溪长流，风景宜人。因此，五祖寺是一处远近闻名的风景游览区，四时游人不绝。

# 长沙开福寺

位于湖南省长沙市城北。这是当地的一座著名古刹。

开福寺创建于五代前期(公元907—947年)。宋嘉祐年间(公元1056—1063年)大修。明代重建。明末为兵火所毁。清顺治十七年(公元1660年)重建。乾隆三十七年(公元1772年)、嘉庆元年(公元1796年)的两场大火,烧毁了寺内的部分建筑。光绪十三年(公元1887年)重建。1922年改建。

开福寺布局严谨,庭院幽静。中轴线上的主要建筑有山门、三圣殿、大雄宝殿和毗卢殿。两侧,有禅堂、法堂、斋堂、客堂和僧舍等。在西厢房外,有光绪十二年(公元1886年)建立的碧湖诗社遗址。这是当年当地文人学士汇聚的场所,对长沙地区文学艺术的发展起了促进和推动的作用。

# 衡山福严寺

在湖南省衡山的掷珠峰下。此寺在我国佛教发展史上占有重要一席。

福严寺始建于南朝陈光大元年(公元567年),初名般若寺,亦名般若岩。创建者为我国佛教天台宗三祖慧思法师。唐开元元年(公元713年),禅宗七祖怀让来此传播“顿悟”法门,此寺便有了“天下法院”的美誉。宋初更改为今名。由于年代久远,寺中殿堂多被毁坏。福严寺的现存建筑,为清同治九年(公元1870年)重修后的遗物。

福严寺的殿宇顺山而建。中轴线的重要建筑有:山门、过殿(知客厅)、岳神殿、大雄宝殿、藏经阁等。祖殿、方丈堂、法堂、云水堂、莲池堂、禅堂等,布列于两侧。此外,寺中还有慧思大师的墓塔三生塔。

岳神殿是佛教寺庙中的一处道教建筑。殿中供奉着一尊南北朝时铸造的南岳神青铜像。衡山本是一座道教名山。在福严寺中建道教殿宇,不但使佛教入乡随俗,有了赖以生存的立足之地,同时也表现了佛教与道教的融合。

福严寺之后有拜经台,台上岩石有唐德宗时宰相李泌题写的“极高明”三字。寺东有虎跑泉井,井壁石上刻写着慧思的生平事迹。山门横匾“天下法门”,对联“六朝古刹”“七祖道场”,说明了福严寺的历史地位。

# 广州光孝寺

位于广东省广州市光孝路。寺内保存着唐代修建的禅宗六祖瘗发塔、大悲幢和五代时期铸建的东、西铁塔，闻名海内外。1961年，国务院把它列为全国重点文物保护单位。

此寺始建于三国时期（公元220—265年），是东吴受贬骑都尉虞翻的后代舍宅为寺建造的，初名制止寺。东晋时，更名为王苑朝延寺。唐代，更名为乾明法性寺。五代时，改称乾亨寺。北宋更名为万寿禅寺。南宋初年，改名报恩广孝寺。绍兴二年（公元1132年），始称光孝寺，直到今天。

从历史上看，光孝寺规模宏大，殿堂林立，僧徒众多，为岭南一大名刹。历经毁建，寺中现存的主要建筑有山门、天王殿、大雄宝殿、六祖殿、睡佛楼、瘗发塔、大悲幢、东铁塔和西铁塔等。

现在的大雄宝殿是光孝寺的主体建筑，重建于清顺治十一年（公元1654年）。殿里有全国少有的梭形立柱。二十世纪五十年代，人们还在三宝佛的肚内发现了唐、宋时期的木雕罗汉和信士像，很为稀罕。

瘗发塔又称六祖塔，建于唐仪凤元年（公元676年）。那年，禅宗六祖慧能在光孝寺正式宣布他继承了五祖弘忍的衣钵，僧众们便将他的瘗发埋于地下，并建八角七层的砖塔一座。现在，此塔尚存，高七点八米。塔身各面均雕

广州光孝寺大殿

广州光孝寺唐幢

佛龛、佛像。这是佛教信徒们崇敬的圣地。

用青石雕制的八角形大悲幢，高二点一九米，制作于唐宝历二年(公元826年)。幢座四周满刻力士像。幢身八面，刻满了《大悲咒》。这是一件极为珍贵的文物。

东铁塔和西铁塔，也是光孝寺中的一件宝贵文物。东铁塔高六点三五米，方形，七层。塔身上铸有盘龙和佛像千余尊。佛像贴金。此塔铸造于五代南汉大有七年(公元934年)。西铁塔平面为方形。原塔七层，因房屋倒塌，砸坏了上面的四层，现余三层。塔身上铸满了佛像和宝莲花。此塔铸造于南汉大有四年(公元931年)。这是我国现存铸造时间最早的两座铁塔，尤为珍贵。

在古代，光孝寺还是外国僧人来华传法，或经此前往内地的基地。印度僧人达摩，就是从这里到少林寺去的。可见，光孝寺在中外文化交流和我国佛教的发展史上，均占有重要的一席。

# 广州六榕寺

位于广东省广州市朝阳北路(六榕路)。寺中有宋代的禅宗六祖铜像和花塔,远近闻名。

广州六榕寺六榕堂

此寺始建于南朝梁大同三年(公元537年)。北宋初年被火烧毁。端拱二年(公元989年)重建,更名净慧寺。元符三年(公元1100年),大文豪苏东坡来寺游览,并据寺中榕树数目,题写了"六榕"二字,从此更名为六榕寺。明洪武二十四年(公元1391年),将寺的一半改做粮仓,另一半留做寺院,后经不断维修,这就是今天的六榕寺。

六榕寺的现存主要建筑有大雄宝殿、六祖殿、观音殿、花塔和碑廊等。

花塔正名叫做舍利塔。始建于梁大同三年。初为木塔,后重建为砖木结构塔。因塔身装饰华丽,人们将它称为花塔。塔高五十七米。平面为八角形。外观九层,内部实为十七层。塔外有回廊。塔内有楼梯,右上左下,可

广州六榕寺大雄宝殿内佛像

以上达。塔刹中的铜柱铸造于元至正十八年(公元1358年)。柱身上铸刻有佛像千尊。由铜柱、宝珠、九霄盘、铁链构成的塔刹,重五吨。立于塔顶,庄重秀丽。

在六祖殿内,有北宋端拱二年铸造的、重达千斤的六祖慧能铜像一尊。在观音殿内,有清康熙二年(公元1663年)铸造的、重达十吨的铜佛像三尊,重达五吨的观音铜像一尊。碑廊内保存着宋、元、明、清时期的石碑二十余座,这是研究寺史和岭南历史的可靠历史资料。

# 曲江南华寺

位于广东省韶关市曲江县马坝的南华山麓。这里是我国佛教禅宗六祖慧能（公元638—713年）接受传承衣钵、创立并发展禅宗南派的地方，被誉为粤东第一名刹。

南华寺始建于南朝梁天监三年（公元504年），初名宝林寺。唐代，先后赐名中兴寺、法泉寺。宋代开宝三年（公元970年），又被赐名为南华禅寺。寺院建筑屡经修缮，保存较为完好。

南华寺占地一万二千平方米。殿堂布局严谨。中轴线上的重要建筑有：曹溪门、宝林门、天王殿、大雄宝殿、藏经阁、灵熙塔、六祖殿等。配殿等建筑分列两侧。

南华寺珍藏的文物非常丰富。六祖真身坐像，供奉于六祖殿内。像高零点八米。专家们说，这是以经过处理的六祖肉身为基础，由六祖的弟子方辩用夹纻漆塑的方法塑制成的。宋木雕五百罗汉像，原藏于大雄宝殿三尊大佛的腹内，1963年才被发现。从罗汉身上的铭文得知，这批罗汉雕造于宋庆历三年至八年（公元1043—1048年）。

# 广西贵县南山寺

坐落在广西壮族自治区贵县南山公园内狮山山麓。这是一座将寺、山、洞巧妙结合为一体的古老寺院。寺内还有一口宋代大铁钟，很为名贵。

南山寺始建于宋端拱二年（公元989年）。景祐二年（公元1035年），宋仁宗亲题“景祐禅寺”匾，遂更名景祐寺。元代，文宗皇帝亲题“南山寺”匾，从此更名南山寺。寺内建筑屡经修葺，至今保存完好。

随山而建的南山寺，山门、金刚殿、景楼等，是它的重要建筑。大石洞也成了它的殿堂。

在金刚殿后，有一处高八九丈，宽十余丈的大石洞，可容千余僧众。这是南山寺僧诵经聚会之处。洞里有石佛像、石菩萨像和十八罗汉像。其中有一尊弥勒佛像，高达二点七米。此洞早已成为南山寺的一座重要殿堂。洞中千奇百怪的钟乳石，历来引人注目。

在南山寺内，还有一口高二米的大铁钟，人称飞来钟，铸造于宋天圣三年（公元1025年）。此外，寺内还有宋、元、明、清的石碑。这也是珍贵的历史资料。

# 西南西北地区

## 成都文殊院

位于四川省成都市城北的文殊院街。寺内珍藏着唐代玄奘法师的顶骨、宋代铁铸护法神像和绣像《金刚经》,遐迩闻名。

文殊院始建于公元五六世纪的南北朝时期。唐、宋时期,名叫信相寺。明朝,寺为兵火所毁。清康熙三十年(公元1691年)重建。因该寺住持慈笃海月道行高深,人们说他是文殊菩萨的化身,便将寺院改名为文殊院。嘉庆十九年(公元1814年)、同治六年(公元1867年)扩建。这就是我们今日看到的文殊院。

成都文殊院

文殊院中的所有建筑均为木石结构。花窗为镂空雕刻,图案美丽,做工精细。殿堂之间以石板道相通,晴天不扬土,雨天没有泥,一派纤尘不染的佛国净地。

文殊院的现存重要建筑有天王殿、三大士殿、大雄宝

成都文殊院鼓楼

成都文殊院寺园

殿、说法堂和藏经楼。左右两侧，有钟楼、鼓楼、斋堂和回廊等建筑。

文殊院中收藏的文物十分丰富。全寺共有木雕、石雕、泥塑、铜铸、铁铸和脱沙漆塑佛像四百余尊。其中，说法堂内的十尊铁铸护法神像，为宋代遗物。

藏经楼中最为珍贵的文物，当是唐代玄奘法师的头顶骨和宋代的绣像《金刚经》。此外，明代的《南藏》，崇祯皇帝的田妃亲手绣制的千佛袈裟，清代的《北藏》，川陕总督杨遇春的女儿用发丝绣制的水月观音等，都是非常珍贵的。

# 新都宝光寺

位于四川省新都城内，南距省会成都十八公里。这是一座规模巨大的禅宗寺院，且在禅宗寺院中有一组净土宗的建筑，全国少有。寺内珍藏着南北朝时期的千佛碑、释迦牟尼佛舍利、道光皇帝赐给的优昙花、暹罗国赠送的贝叶经等珍贵文物。寺中的唐塔和清代的五百罗汉塑像，也久享盛名。

宝光寺的初建年代，已无据可考。早在隋代，这里就有大石寺和福威塔。公元881年，唐僖宗李儇为躲避黄巢起义军的攻击，从长安逃往四川，住在寺北的行宫中。事后，他诏令悟达国师重修此寺，并改名宝光寺。明代，内阁首辅杨廷及其子杨升庵捐资维修。正德年间（公元1506—1521年），寺为兵火所毁。清康熙九年（公元1670年）重修。以后又不断维修，使宝光寺保存至今。

宝光寺占地九万多平方米，建筑面积二万多平方米。全寺建筑有一塔（舍利塔）、二坊（天台胜境坊、庐山遗迹坊）、三楼（钟楼、鼓楼、藏经楼）、四殿（山门殿、天王殿、七佛殿、大雄殿）、八堂（伽蓝堂、斋堂、戒堂、禅堂、影堂、祖堂、客堂、法堂）和十六庭院。

位于大雄殿东侧的寿佛殿、极乐堂和念佛堂等，是一组净土宗寺庙建筑。寿佛殿中除主供无量寿佛像外，还有地、水、火、风四大金刚像。这在全国的佛教寺庙中是很少见的。

新都宝光寺藏经楼

舍利塔，又叫宝光寺塔，位于天王殿和七佛殿之间，两侧有钟、鼓楼，位居中轴线上。这种布局形式，再现了我国早期佛教寺庙寺塔并立、以塔为中心的建筑思想。这是一座密檐式的方形砖塔。十三层。每面均雕佛像。四角均挂风铃。底层有佛龛，内有释迦牟尼佛坐像一尊。据记载，此塔建于唐中和年间(公元881—885年)，是现存唐塔的一个典型代表。

罗汉堂在寿佛殿、极乐堂之东。这座咸丰元年(公元1851年)的建筑，平面呈“田”字形。堂内除佛像、菩萨像和五百尊罗汉像外，还有五十尊禅宗历代祖师的塑像。这在全国是很少见的。这里的五百七十七尊塑像，都是清代的作品。其中的罗汉群像，百态千姿，富有生活气息，具有很高的艺术价值。康熙和乾隆皆笃信佛，并自诩为罗汉转世。第二百九十五尊和第三百六十尊，便是他们爷孙的罗汉塑像。

在宝光寺内，还保存着释迦牟尼佛的骨舍利和发舍利各一颗，清代道光皇帝赠送的优昙花一株，暹罗国(今泰国)赠送的贝叶《法华经》一部，以及宋徽宗的画《白鹦鹉》、明代画家陈老莲的《荷花》，当代画家张大千的《水月观音像》、徐悲鸿的《马》等，都是非常珍贵的文物。

刻立于南朝梁大同六年(公元540年)的千佛碑，高一点七五米，宽零点六五米，厚零点四米。碑的四面刻满了佛像，纵横排列，总数达千尊以上。这是全国的罕有珍品。

# 广元皇泽寺

坐落在四川省广元市西嘉陵江西岸的乌龙山东麓。这是一座因女皇武则天而得名，并以摩崖石刻而著称的古代佛教寺庙。1961年，国务院把它列为全国重点文物保护单位。

皇泽寺背倚悬崖，前临大江，殿堂高低错落。现存主要殿堂有则天殿、大佛楼、五佛亭、望江亭、小南海以及中心柱窟、罗汉洞等石龛石窟。

则天殿是皇泽寺的主体建筑。石壁上刻满佛像。正中的武则天像，面容丰满，项戴璎珞，上身裸露，是一尊比丘尼的形象。在这里，还有一座广政二年(公元939年)刻立的石碑《大蜀利州都督府皇泽寺唐则天皇后武氏新庙记》。碑文记述了武则天出生于广元，并在这里度过了青少年时期的经历。

大佛楼是皇泽寺的最高建筑。其后龛中有全寺最大的一尊石佛像，高达六米。五佛亭，因有五座石佛龛而得名。龛中雕有佛像、菩萨像等。罗汉洞中，还留有唐代著名书法家颜真卿的墨迹。

位居则天殿上的中心柱窟，又称支提式窟，是皇泽寺中石刻像最为集中之处。龛壁上雕有佛像千尊。这些佛像，具有南北朝时期的风格。

摩崖石刻中，共有大小窟龛三十四座，大小神像千余尊。这里的石刻造像，从南北朝起，隋、唐、宋朝等各代均有。这是我国古代石刻艺术的宝库。

# 平武报恩寺

在四川省平武县县城龙安镇内。寺内保存着具有很强防震能力的明代建筑和精美的明代壁画，很有名气。报恩寺建于明正统四年至天顺四年(公元1439—1460年)。以后经过不断维修，殿堂等各类建筑保存完好。

报恩寺的建筑具有王府建筑和寺庙建筑双重特征。

报恩寺山门前有一个很大的草坪广场，山门后有类似故宫金水桥的三座石拱桥，这是一般佛教寺庙所没有的。

大雄宝殿是全寺的中心建筑。前有天王殿，后有万佛阁，左有大悲殿，右有华严殿；斋堂、客房、库房等环列两侧。中轴线分明，左右对称，中心建筑十分突出。在大雄宝殿、大悲殿和华严殿构成的“一”字线上，有南北回廊与万佛阁相连，使建筑布局更为严谨。

报恩寺中的上述明代建筑，经过了明嘉靖十五年(公元1536年)、万历四十六年(公元1618年)、清顺治十四年(公元1657年)、乾隆五十一年(公元1786年)和1976年的大地震，均依然屹立。是我国古代建筑中的精品。

报恩寺中的大雄宝殿、万佛阁和南北回廊(也称罗汉堂)中，共存壁画七百多平方米。大雄宝殿中的十二圆觉像，万佛阁中的《礼佛图》，南北回廊中的佛传故事图，画得都很生动，堪为上乘作品。

# 乐山凌云寺

原名报恩寺，又名大佛寺。位于四川省乐山市东的凌云山上。寺内有一尊全国和全世界最大的石雕佛像。1982年，国务院把它列为全国重点文物保护单位。

此寺始建于唐武德年间(公元618—626年)。宋末为兵火所毁。元至正年间（公元1341—1368年），千峰和尚来此传法，复兴寺庙。明洪武八年(公元1375年)、成化年间（公元1465—1487年)扩建。明末，又为兵火所毁。清康熙六年(公元1667年)重建。以后屡经维修，使寺院保存至今。

乐山凌云寺大殿

凌云寺的现存主要建筑有天王殿、大雄殿

乐山凌云寺山门

乐山凌云寺大佛

和藏经楼。此外，寺内还有禅堂和僧舍等建筑。然而，寺内最有名的，还是它的凌云大佛。

凌云大佛又称乐山大佛或嘉州大佛，位于凌云山栖鸾峰的临江石壁上。这是一尊巨大的弥勒佛石雕像：总高七十一米；头宽十米，高十四点七米；耳长七米，眼长三点三米，鼻长五点六米，嘴长三点三米；颈长三米；肩宽二点四米；手中指长八点三米；脚背长十一米，宽九米。头上有发髻一千零二十一个。在头顶之上，可以平放一张圆桌。在耳朵眼内，可站立两人，在脚背之上，可以围坐百余人。这尊佛像头与山齐，脚踏大江。人们说，山是一尊佛，佛是一座山，这话一点不假。

据记载，凌云大佛由海通和尚于唐开元元年（公元713年）开始动工雕造，经西川节度使章仇、韦皋捐奉继雕、督雕，于贞元十九年（公元803年）完工，历时九十年。其工程之浩大，可以想见。

这尊弥勒佛像虽然十分高大，但仪表端庄，各部比例匀称。衣纹和身体各部的线条不但流畅，而且形成了一个完整而科学的排水系统。佛像雕成之时，曾建七层楼阁一座，以保护大佛免遭日晒雨淋之苦。明末，楼阁为大火所毁，佛像处于露天之中。数百年来，佛像虽然承受着风霜雨雪的袭击，但依旧安然无恙，科学的排水系统功不可没。

在大佛像的两侧，还有高达十米的武士石雕像，这也是我国石雕艺术中的上乘之作。

# 乐山乌尤寺

坐落在四川省乐山市城东的乌尤山上，距市区三公里。这是一座修建在古代水利工程离堆上的佛教寺庙。风景宜人，自古有名。

乌尤山地处岷江和青衣江、沫水（大渡河）的交汇处，水流湍急，沉船事故屡有发生。为减杀水势，方便行船，秦朝蜀郡太守李冰便在此处挖渠一条，将乌尤山与凌云山分离。因此，乌尤山也称为离堆山，寺就建在山上。

乌尤寺始建于唐代，初名正觉寺。北宋时改今名。宋末，寺被兵火烧毁。明景泰（公元1450—1456年）、成化年间（公元1465—1487年）重修。明末，又被兵火烧毁。清康熙三十八年（公元1699年）重建。咸丰年间（公元1851—1861年），此寺再度为兵火所毁。同治、光绪年间（公元1862—1908年）、民国七年（公元1918年），再度重建和扩建。1978年全面维修。这就是今天的乌尤寺。

天王殿、弥陀殿、弥勒殿、韦陀殿、大雄殿、如来殿、观音殿，是乌尤寺中的主要建筑。此外，寺内的建筑还有钟楼、鼓楼、方丈室和罗汉堂等。

乌尤寺中保存的文物也很丰富。在大雄宝殿中，有樟木雕刻的释迦牟尼佛像和文殊、普贤菩萨像。佛龛背后，有西方三圣像，中间的释迦牟尼像，是宋朝的铁铸佛像，在西南地区甚是少见。在如来殿中，有夹纻脱沙像四十七尊，泥塑罗汉像十八尊，木雕天神像二十四尊。这些神像全都贴金彩绘，绚丽灿烂。在罗汉堂中，还有1985年重塑的彩色罗汉像五百尊。可见，乌尤寺是我国的一座古今雕塑艺术殿堂，很有观赏和研究的价值。

# 峨眉山报国寺

坐落在四川省峨眉市南的峨眉山麓，离城七公里。这是我国四大佛教圣地之一的普贤菩萨道场，是峨眉山八大寺之一。寺内保存着明代铜塔、铜钟和大瓷佛，中外驰名。

明万历年间（公元1573—1620年），人们在伏虎寺对面建了一座寺庙，寺内供奉着佛教的普贤菩萨、道教的广成子、代表儒教的春秋名士陆通，取佛、道、儒三教会宗合祀之意，将寺庙定名为会宗堂。明末，寺毁。清顺治年间（公元1644—1661年），人们在今址重建。康熙四十二年（公元1703年），玄烨皇帝题写了“报国寺”大匾，遂更名为报国寺。同治五年（公元1866年）扩建。后经多次维修，报国寺保存甚好。

峨眉山报国寺山门

山门、弥勒殿、大雄殿、七佛殿和藏经楼，位于报国寺的中轴线上。花影亭、七香轩、凝翠楼、待月山房等，布列两侧。

峨眉山报国寺大殿

杜鹃、山茶、丹桂、腊梅等种植在庭院中，四季长青，花香不断，报国寺环境很是优美。

寺内现存的文物很多，其中珍贵者不少。明代铸造的铜塔，又名紫铜华严塔，矗立在大雄殿后。铜塔通高七米。塔身分上、下二部，每部铸有楼阁七层。全塔共铸《华严经》一部，小佛像四千七百尊。莲花铜钟，高二点八米，唇径二点四米，重一万二千五百公斤。此钟铸造于明嘉靖四十三年(公元1564年)。钟上铸有晋、唐以后历代帝王和高僧的名讳，以及《阿含经》一部。人称天府钟王。现悬挂在圣积晚钟亭内。在七佛殿后，有一尊高达二点四七米的大瓷佛像。佛像的底座上，有千叶莲花图案，佛身上披有千佛袈裟，体现了一花一世界，千叶千如来的佛教思想。这尊卢舍那佛瓷像，是明朝永乐十三年(公元1415年)江西景德镇烧制的。此外，在七佛殿中，还有北宋著名文学家黄庭坚书写的四幅《七佛偈》木条屏，也很珍贵。

在大门外，有当代大文豪郭沫若题写的“天下名山”牌坊，著名爱国将领冯玉祥题写的“名山入口”四个大字。这也是不可多得的珍品。

# 峨眉山伏虎寺

坐落在四川省峨眉山麓。这是我国四大佛教圣地之一的普贤菩萨道场峨眉山的一座名刹。寺内的紫铜古塔、稀有植物桫椤树、稀有蝴蝶枯叶蝶，久负盛名。

此寺始建于唐代。宋代叫做神龙堂。明末寺毁。清顺治八年（公元1651年）重建，更名虎溪精舍，又名伏虎寺。后经不断维修，殿堂保存完好。

伏虎寺的现存重要建筑有山门、中殿、正殿和御书楼。此外，还有禅堂、僧房等。

在正殿左侧的华严宝塔亭内，有一座高五点八米的紫铜古塔。塔分十四层。塔上铸有佛像四千七百余尊、《华严经》十九万五千零四十八字，刻工极为精细。

在华严宝塔亭下的虎泉之滨，有八大濒危植物之一的桫椤树。这种植物原生于海底，后逐渐成为陆生品种，生长在一亿七千万年前，冰川时期大量死亡。现在，这种植物所存不多。1982年，已被我国列为重点保护的珍稀植物名录中。

春夏之际，成群结队的稀有蝴蝶枯叶蝶，飞到伏虎寺内外，为古寺增光添彩。

峨眉山伏虎寺

在伏虎寺内，还有一种令人称奇的自然现象，那就是地处密林的殿堂屋面上没有一片枯叶，连清朝康熙皇帝都感到奇怪，把它称为“离垢园”。古人说，这是神力所为。而实际上，伏虎寺地处山谷中，回旋风四时不断。屋面上没有枯叶，是风卷残叶的结果。应当说，这也是伏虎寺的一“奇”。

# 峨眉山万年寺

坐落在四川省峨眉山半山腰的骆驼岭下。这是我国四大佛教圣地之一的普贤菩萨道场峨眉山的一座大寺。此寺因有宋代铸造的普贤菩萨铜像，明代建造的无梁砖殿，早已蜚声海内外。1961年，国务院把它列为全国重点文物保护单位。

早在汉代，这里就是采药老人蒲公的结茅修行处。东晋隆安年间（公元397—401年），此处建有普贤寺，唐乾符三年（公元876年），更名为白水寺。北宋多次维修，更名为白水普贤寺。明万历皇帝为庆祝母亲的七十大寿，赐钱建无梁砖殿一座，赐匾“圣寿万年寺”。万年寺之名，由此沿用至今。1946年，一场大火，烧掉了除无梁砖殿之外的所有建筑。弥勒殿、般若殿、毗

峨眉山万年寺砖殿

峨眉山万年寺大门

卢殿、巍峨殿、大雄殿等，都是以后陆续建成的。

普贤菩萨骑六牙白象的铜像，铸造于北宋太平兴国五年（公元980年）。全象总高七点三五米，重六点五吨。普贤菩萨坐在象背莲座上，头戴花冠，身披袈裟，胸挂璎珞，神态自然。白象脚踏莲花，舒尾卷鼻，一派远行姿态。这是万年寺中的第一件宝物。

无梁砖殿，建于明万历二十七年（公元1599年）。这是万历皇帝朱翊钧，为庆祝母亲的七十大寿而修建的。墙壁、殿顶、花窗、门楣乃至斗拱等，全部用砖砌筑。殿高十七点一二米，面宽十五点七九米，进深十六点零六米。下方上圆，象征着天圆地方。殿内四壁设有佛龛，龛内供奉着铜、铁佛像。殿顶为穹窿形，彩绘各抱琵琶、箜篌、芦笙和笛子的四位飞天仙女。砖殿顶上，建白塔五座；中间的一座较为高大，四角的四座较为矮小。五塔和砖殿，构成了一个巨大的金刚宝座塔形。这是我国古代纯砖结构建筑物中的一件杰作。

在寺内，有斯里兰卡赠送的剑齿象牙化石一枚。山门内，还有湖水清澈的明月池和鸣声悦耳的弹琴蛙。这些，都是古今游人乐于观赏的古迹名胜。

# 峨眉山洪椿坪

坐落在四川省峨眉山的天池峰下。这是我国四大佛教圣地之一的普贤菩萨道场峨眉山的一座重要寺院。寺内的一盏木刻千佛莲花灯，远近知名。

早在公元三世纪时，就有印度僧人宝掌和尚在这里结茅修行。明朝建寺，定名千佛禅寺，也称千佛庵。清乾隆四十三年（公元1778年），寺被大火烧毁。乾隆四十七至五十一年（公元1782—1786年）修复。后经维修，保存至今。因寺旁有古椿树，故改名洪椿寺，也称洪椿坪。

洪椿坪的主要建筑有观音殿、千佛楼等。此外，还有禅堂、僧舍和林森小院等建筑。

在千佛楼内，有一盏高一点三米、直径零点七三米的木刻千佛莲花灯。这盏灯七方翘角。灯身上刻有佛像三百二十余尊，纹龙七条，以及数组道教神话故事。此灯刻制于清朝末年，工艺精细，是洪椿坪中的一件珍贵历史文物。

在寺内，还有锡杖泉等名胜。寺外青山环抱，四季葱翠，雨雾迷濛。洪椿晓雨，历来都是峨眉山的一处胜景。

# 峨眉山金顶

位居峨眉山最高处，海拔三千零七十七米。这里不但有佛教寺庙，而且也是观赏日出、云海和佛光的最好地方，为峨眉山精华所在。

金顶佛寺始建于东汉，初名普光殿。因这里多雷火，寺宇屡败屡建。以后，这里的佛寺名叫永明华藏寺。明代高僧妙峰大师募资，在此修建铜殿一座。从此，这里便称为金顶。铜殿内铸普贤菩萨骑象铜像一尊，高五米；铜神像二十四尊，列于普贤像旁；铜碑一座，正面刻“大峨山永明华藏寺新建铜殿记”，背面刻“峨眉山普贤金殿碑”。可惜，除铜碑尚存于卧云庵外，其余历史珍品，均已在清末的一场大火中被毁。金顶的寺庙，也是1986年重修的。

金顶危岩高耸，绝壁万仞，著名的舍身崖就在这里。舍身崖上有睹光台，是人们观赏日出、云海和佛光的去处。人们站在舍身崖上下望，面前便可能出现一个五彩光环，环中有人影。这就是佛光。这种自然现象是在空气含水量、阳光等诸多自然条件巧合下，因光的折射而形成的。这是峨眉山一种特有的自然景观，很受人青睐。

峨眉山金顶

峨眉山金顶大殿

# 重庆罗汉寺

位于重庆市罗汉街口。寺中拥有宋代摩崖石刻五百罗汉、清代浮雕五百罗汉和新中国成立后创作的五百罗汉泥塑像,全国少见。

罗汉寺创建于宋代。现存寺内殿堂多为明、清遗物。其重要建筑有:山门、济公殿、罗汉堂、大雄宝殿、藏经楼以及明碑亭等。

宋代摩崖石刻的罗汉像,现有四百余尊,排列在从山门至罗汉堂之间甬道两侧的岩石上。名罗汉洞。因罗汉像中有七尊佛像,亦叫做古佛崖。摩崖石刻像的雕凿技法精湛,风格与大足石刻相似。是非常珍贵的艺术作品。

清代创作的五百罗汉浮雕像,全部为金色,排列在大雄宝殿的两侧墙壁前。大雄宝殿分为两层,下层是大雄宝殿,上层为比丘坛。在大雄宝殿中,有释迦牟尼佛像一尊,缅甸赠送的玉石佛像两尊,以及释迦牟尼说法的木刻图案等。清代创作的五百罗汉浮雕像,制作于嘉庆年间(公元1796—1820年)。这是常州天童寺五百罗汉浮雕的仿制品,几可乱真。

八十年代由四川美术学院师生创作的五百罗汉塑像,排列在罗汉堂内。有药师佛、弥勒佛、孔雀明王佛和四面观音菩萨、地藏王菩萨像,以及五百一十八尊罗汉像。佛像、菩萨像端坐于莲台上,罗汉像依靠在栏杆旁。罗汉或立或坐,或喜或悲,或胖或瘦,形态逼真,表情丰富,观之令人惊叹。

在济公殿内,有一尊笑容满面的济公和尚塑像。像前的一副对联:“嬉笑佯狂消除人间烦恼,拖衣摇扇不减佛性慈悲”。

# 贵阳宏福寺

又名黔灵山寺。位于贵州省贵阳市西北的黔灵山中，离市区约一点五公里。这是贵州省的一处古代名刹，也是一处著名的风景游览区。

宏福寺始建于清康熙十一年(公元1672年)。以后多次维修。1949年以后重修。今日宏福寺的规模，比初建时还要大得多。

宏福寺的所有建筑，分别布列在东、南、北三条轴线上及其两侧。大佛殿、天王殿、法堂、经楼和关帝祠等，是它的主要建筑。寺内长廊曲折，花窗形式多变，亭榭点缀其间，四时风光如画。春桃、夏榴、秋桂、冬梅，历来为人称道。寺外的响石洞、古佛洞、麒麟洞、洗钵池、黔灵湖等，也是人们争相往之的游览胜地。

# 昆明筇竹寺

坐落在云南省昆明市西北的玉案山中，离市区十余公里。这里以塑造精美的清代彩色五百罗汉泥塑像闻名于世。

此寺始建于元代初年，名叫玉案寺。后改今名。明永乐十七年（公元1419年），寺被大火烧毁。永乐二十年（公元1422年）至宣德二年（公元1427年）重修。清康熙二十三年（公元1684年）、光绪十一年至十七年（公元1885—1891年）大修。1979年全面维修。筇竹寺至今保存完好。

筇竹寺坐西朝东。寺内的主要建筑有山门、天王殿和大雄宝殿。此外，寺内还有梵音阁、天台来阁、客堂和僧房等建筑。

筇竹寺的五百罗汉彩色泥塑像，集中分布在梵音阁、天台来阁和大雄宝殿中。梵音阁和天台来阁中的罗汉塑像，均分三层排列：一二层的罗汉像较为高大，每尊一点二米到一点四米不等；三层的罗汉像较为矮小，一般不足一米。大雄宝殿中的罗汉像，一般都有坐骑，形态也更为生动。

筇竹寺的这些罗汉像，是四川合州（今合川市）民间艺人黎广修和他的五位弟子，在清代光绪年间（公元1875—1908年），用七年时间塑造成的。在此之前，他们曾在四川新都宝光寺塑造了五百罗汉像。因此，筇竹寺的五百罗汉像，比宝光寺的罗汉像塑造得更好，主题更突出，形态更生动，生活气息更浓厚，艺术价值也更高。在这里，高、矮、胖、瘦、老、少的罗汉均有，立、坐、卧、行乃至沉思、谈笑等姿态齐全。在罗汉像中，有康熙、乾隆皇帝的形象，也有樵夫、渔民和书生的形象；有达官贵人，也有佛教禅宗祖师达摩、传说故事《刘海戏金蟾》中的刘海形象。因此，这些罗汉像，体现了作者众生平等、众人皆有佛性的平均主义思想。有人说，筇竹寺的罗汉，人的成分多了，神的成分少了，这话似乎并不过分。

# 昆明圆通寺

位于云南省昆明市城内。寺庙建筑富有江南园林特征，人称“水院佛寺”。元代的壁画和三世佛像，明代的泥塑蟠龙，是圆通寺中的文物珍品，具有很高的历史价值。

此寺始建于公元八九世纪的唐代南诏时期，初名补陀罗寺。补陀罗、普陀罗，均是梵文的音译，所指的都是观音菩萨的住地普陀珞伽山。因此，这里是我国较早的观音菩萨道场。元大德五年(公元1301年)大修，改为今名。明代以后，数度维修。1977年，又全面整修，使圆通寺的面貌焕然一新。

昆明圆通寺明代牌楼

坐北朝南的圆通寺建筑，前高后低。其中心为放生池。池中有岛，岛上有亭。岛岸之间，有石桥相通。池岸之上，回廊、亭榭环绕。其他殿堂、山石和花草树木，均以此处为中心展开。整个寺庙就是一座构思精巧的

昆明圆通寺内景

园林建筑。这在全国的所有佛教寺庙中，是独具一格的。

圆通寺的重要建筑山门、圆通胜境牌楼、天王殿、弥勒殿（八角亭）和圆通宝殿，依次布列在中轴线上。配殿、僧舍，散布两旁。

弥勒殿又称八角亭。这是矗立在放生池岛上的一座两层八角的重檐亭式建筑物。高约十米。南北两侧，各有一座三孔汉白玉石桥，与池岸相通。碧水、花树与亭榭、廊庑互相映衬，使这里不但成了圆通寺的一组中心建筑，而且也成为了一处布局得体的园林景区。这是佛寺建筑与园林建筑巧妙结合的一件杰作。

圆通宝殿也叫大雄宝殿。殿中有元代留下的三尊三世佛像。殿内两侧，排列着十二尊神像。三世佛神像前的两根立柱上，有明代留下的两条蟠龙泥塑像。墙上，有元代壁画《文殊待法图》残部。这些都是非常珍贵的文物。

圆通宝殿后，有数百米长的石壁。石壁之上，保留着许多古人刻写的诗文和题字。这是云南省的一座重要的古代石刻艺术宝库。

# 安宁曹溪寺

坐落在云南省昆明市安宁县西北的半山腰中，距县城七公里。寺内有明代修建的大殿及其产生的“天涵宝月”奇观，大理国留下的观音、文殊、普贤菩萨木雕像，古今闻名。

曹溪寺始建于大理国时期（公元938—1254年）。那时，尊崇禅宗六祖慧能（公元638—713年）的僧众们，看到安宁西北一带的自然环境，与慧能仍主持的广东韶关宝林寺（南华寺）极为相似。于是，他们便在这里建寺一座，并以宝林寺前的一条小河曹溪作为寺庙的名称。之后，曹溪寺多次被毁。明嘉靖三十一年（公元1552年）、清康熙三十年（公元1691年）、光绪七年（公元1881年），三度重建。现在，曹溪寺中的建筑除大殿是明代遗物外，其余殿堂均是清代重修的。

曹溪寺依山而建，坐西朝东。主要建筑有山门、弥勒殿、大殿和后殿。此外，寺内还有钟楼、鼓楼、禅堂、客房等建筑。

大殿为重檐歇山式建筑。重建于明代。在大殿的上下檐之间，有一个内圆外方的洞口。在一定的时候，当月上东山时，月光便可从洞口射到殿内阿弥陀佛的脸上。继之，月光下移，一直可以照到佛像的肚脐。这就是人们所说的“月光照佛佛印月”的奇妙景观。据说，能看到这种奇观的时间是每月农历的十五日，也就是佛经上所说的阿弥陀佛日。可见，这种景观的出现，是建筑师们巧妙设计的结果。

在大殿之内，还有高达三米的阿弥陀佛像一尊，高达二米的观音和大势至菩萨像各一尊。这是云南省现存最大的夹纻脱沙干漆像。在佛像的背后，有观音、文殊和普贤菩萨的木雕像。这是大理国时期的作品，全国少见。

在曹溪寺内，还有元代种植的梅花和昙花等古树名木；有明代崇祯皇帝题写的"松风水月"碑、著名进士杨升庵撰写的"重修曹溪寺记"碑等古代石碑数十座。寺外，满山的林木和鲜花，以及珍珠泉、金蟾泉等名胜，也都是引人注目之处。

## 景洪曼阁佛寺

位于云南省西双版纳傣族自治州首府景洪的澜沧江大桥北侧。这是我国南传佛教小乘教的一座重要寺院。

曼阁佛寺重建于傣历八百四十年（公元1477年）。以后，虽经多次重修，但依然保持着原来的风貌。

曼阁佛寺的大殿位居广场之中，大门东向，纵深长达七间。殿顶硕大，分上下两层。上层为两坡水。下层为四坡水。整个屋顶，形态玲珑而又壮观。殿内的梁、柱和天花，均施红色，并饰以金花，绚丽夺目。

景洪曼阁佛寺大殿

曼阁寺外，澜沧江奔腾而去，椰子树、棕榈树蔚然成林。这是一处具有浓郁的热带风情的旅游胜地。

# 芒市菩提寺

傣语叫做奘相，意思为宝石寺。坐落在云南省德宏傣族景颇族自治州的芒市镇。这是我国南传佛教小乘教的一座著名寺庙。

菩提寺始建于公元十七世纪的清朝初年。以后，经过多次重建，寺庙建筑依然保持着原来的面貌。

菩提寺的平面为一个长方形。前面为一个庭院式的广场。广场两侧，有亭塔一对。广场与大殿之间，有廊厦三间。廊厦正中突起，为歇山式屋顶；两端略低，为庑殿式屋顶。在廊厦前月台的台阶两侧，有象鼻、鹿角、牛蹄和怪兽等装饰。廊厦后的大殿正中，供奉着头戴金冠、身穿金服的白色释迦牟尼佛像。周围布满了陶器、花朵和金属供器。殿中悬挂着花灯和幡帐。这是典型的小乘教佛殿布局形式。

大殿前的广场，是僧众们礼佛前后的集散之地。殿前的廊厦，为僧众们提供了休息和避雨、遮阳的场所。这种安排，完全是因为在云南酷热多雨的自然环境中，僧众们从事宗教活动的需要。

芒市菩提寺

# 瑞丽遮勒大金塔寺

位于云南省德宏傣族景颇族自治州瑞丽城东的遮勒寨中。这是我国南传佛教小乘教的一座重要寺院。全寺建筑以塔为中心,寺周的佛殿等,均为下部凌空的干阑式(也称吊脚楼式)建筑。这是我国南传佛教寺庙建筑的一个典型代表。

此寺历史悠久。公元十四世纪时扩建。清代后期,又重修了大金塔。经过不断维修,现存佛殿等保存完好。

大金塔寺修建在山坡的一块台地上。寺的中心,是一组由十七座塔组成的塔群。中间的一塔高约十七米。其余的十六塔,分层布于周围。塔群之下,有一座高达一米的圆形台基。总体布局,状如春笋,故又名笋塔。

瑞丽大金塔寺

在塔群之外,建有佛殿、僧房、竹楼和竹房等。这些建筑,下部空敞,上部供佛或住人,是典型的傣族干阑式建筑。这是佛寺建筑与傣族民居建筑吊脚楼相结合的产物,在其他地区很难看到。

# 勐海景真八角亭

位于云南省西双版纳勐海县景真寨。这是一座深受缅甸佛寺建筑影响而修建的傣式建筑，非常典型。1988年，国务院把它列为全国重点文物保护单位。

景真八角亭建于公元1701年。这是景真地区佛寺僧侣们在傣历每月的十五、三十日集会的场所。听高僧讲经、商议重大事务或举行僧侣等级升级仪式，都在这里。

景真八角亭是一座砖木结构的攒尖顶式八角亭子。它是按佛经上的规定建造的一座状似佛冠的建筑物，远看似冠冕。傣语称它为布苏，意即是佛顶莲花。亭的基座为砖砌，平面为“亚”字形。亭身三十一面，三十二角。亭顶为纯木结构，圆形屋檐上有八组十一层的硬山脊。这些硬山脊呈鱼鳞状，层层上收，汇集于金属宝盖下。宝盖上有塔刹和相轮。亭座和亭身外涂红泥，并有用金银粉绘出的花卉、动物、人物图案，绚丽夺目。

景真八角亭总高十五点四二米，其中亭身长五米，亭顶高七点八五米。由于建筑技术高超，全亭并不显得沉重，反而具有一种轻盈、典雅的韵味，观之令人叹息。

西双版纳景真八角亭佛殿

西双版纳景真八角亭佛殿（局部）

## 拉萨大昭寺

位于西藏自治区首府拉萨市中心的八角街。这是汉藏两族同胞友好交往的历史见证。寺中的大殿具有汉、藏两族和埃及的建筑风格。寺内的文物如唐番会盟碑、唐柳、《劝人种痘碑》等，具有很高的历史价值。1961年，国务院把它列为全国重点文物保护单位。2000年，作为布达拉宫的扩大范围，它被联合国列入世界遗产名录。

此寺建成于公元648年，初名惹刹。公元642年，当唐代文成公主抵达拉萨、与吐蕃赞普松赞干布完婚后，松赞干布便根据文成公主的意思，亲自选址，修建了这座寺庙。以后，西藏地方政府噶厦的办事机构，也设于寺内。寺周，摊档云集，街市逐步形成，最后终于发展成为一座城市，这就是今日的拉萨。拉萨就是惹刹的转音。宋、元、明、清时期，人们对大昭寺不断增修或扩建，使其规模日益扩大。清代，正式改名为大昭寺。二十世纪八十年代，政府拨款对大昭寺进行了全面的维修，使古寺的面貌更为壮观。

坐东朝西的大昭寺，建筑面积达二万多平方米。主要建筑有大门、主殿、经堂和佛堂。此外，寺内还有僧人住房和原西藏地方政府的办公用房。

大昭寺的主殿，建筑雄伟。其飞檐、斗拱、藻井和横梁、立柱、门框上雕刻或彩绘的花草、禽兽、飞天等，都是唐、宋时期汉族建筑的典型特征。殿顶上

拉萨大昭寺正面

装饰的法轮、宝瓶、小鹿，以及檐角下悬挂的小经板，这又是藏族建筑的显著特征。在两层屋檐之间的一百零八尊狮身人面像，鼻子扁平，这又是古埃及的风格。因此，这座大殿是汉藏文化和中外文化交流的历史见证。

矗立于寺前的唐番会盟碑，又名甥舅会盟碑、长庆会盟碑。碑高三点四二米，宽零点八二米，厚零点三五米。此碑是唐长庆三年（公元823年），由唐穆宗李恒和吐蕃赞普赤松德赞，派遣使臣，在拉萨会谈并达成协议，双方结成甥舅同盟后刻立的。这座石碑用汉文和藏文书写。碑文记述了文成公主和金城公主与吐蕃赞普结婚，双方结为甥舅同盟的历史事实。这是十分珍贵的一件历史文献。

唐柳，又称公主柳，位于大门之前。据说，这棵柳树是文成公主和松赞干布共同种植的。老树早已枯死，树皮已经剥落。但因它是汉藏同胞友好交往的象征，人们仍在向它敬献哈达。

《劝人种痘碑》刻立于清乾隆二十九年（公元1764年）。那时，西藏地区天花流行，儿童死亡甚多。清朝政府驻藏大臣阿敏尔图推行种牛痘，以防天花。此碑便记录了这件历史事实。

在大昭寺内，还保存着明朝永乐年间（公元1403—1424年）政府赠送的唐卡，清朝乾隆皇帝赐给的、确定达赖喇嘛转世灵童的金钵巴瓶，以及令满堂生辉的描述佛教故事、文成公主入藏、大昭寺修建经过的壁画，也都非常珍贵。

# 拉萨布达拉宫

位于拉萨市旧城的西北部、新城的中心。这是昔日西藏地区政教领袖达赖喇嘛的住地和西藏地方政府的所在地。供奉达赖喇嘛遗骸的灵塔，也安放在这里。宫内建筑雄伟，文物珍藏丰富，是久负盛名的艺术殿堂。1961年，国务院把它列为全国重点文物保护单位。1994年，联合国把它列入世界遗产名录。

布达拉是普陀罗的音译，意思是神仙居住的地方。布达拉宫始建于公元七世纪初，是当时的吐蕃赞普松赞干布，为迎娶唐代文成公主而修建的。那时，宫内有大小房屋一千间。到赤松德赞执政时，此宫为雷火所毁。公元1645年，由五世达赖喇嘛阿旺·洛桑嘉措（公元1617—1682年）主持重建，使布达拉宫成为世界屋脊上最为雄伟壮观的古代建筑群。1985年起，又对布达拉宫进行了十年的全面维修，使之更为灿烂辉煌。

布达拉宫由雪、宫堡和林卡三部分组成。

雪位居宫堡之前，是一座近于方形的城堡。原西藏地方政府噶厦的办事机构，如法院、印经院、藏军司令部等，就设在这里。此外，这里还有作坊、马厩和供水处等生活服务机构。

林卡位于宫堡之后。这是一处以龙王潭为中心而修建的园林建筑，是达

拉萨布达拉宫

赖喇嘛休息、漫步和乘凉的场所。

宫堡是布达拉宫的主体建筑。它又可以分为两大部分，一为白宫，一为红宫。白宫是达赖喇嘛生活起居处。在这里，有达赖喇嘛的寝宫，东、西日光殿。措钦大厦即东大殿，是白宫中最大的一座宫殿。达赖喇嘛的坐床典礼等重大活动，都在这里举行。红宫兴建于1690年。这是达赖喇嘛的灵塔供奉处。现在，这里共有从五世达赖到十三世达赖喇嘛的灵塔八座。其中，五世达赖喇嘛灵塔建造时间最早、体量也最大。这座灵塔高十四点八米，塔外包裹的金皮用去黄金十一万多两，镶嵌的珍珠、宝石和玛瑙等共一万五千余颗，可谓富丽堂皇之极。红宫中的主殿名叫司西平措，亦称西大殿。五世达赖喇嘛灵塔就安放在这里。

布达拉宫所有的宫殿、佛堂和走廊的墙壁上，全都绘满了壁画。在壁画中，有高原风情，有历史传说，有佛教故事，也有布达拉宫的建造场面。红宫中的五世达赖喇嘛在1651年进京朝见顺治皇帝图、十三世达赖喇嘛于1908

五世达赖灵塔全景

布达拉宫内松赞干布塑像

布达拉宫内文成公主塑像

布达拉宫红宫入口

年进京朝见慈禧太后和光绪皇帝图，以及松赞干布请婚图、文成公主进藏图等，都具有很高的历史价值和艺术价值。

此外，布达拉宫中保存的金碗、金盆、金银法器、金银供器、金字书写的《甘珠尔》经、精制的藏文《大藏经》，以及顺治皇帝册封五世达赖喇嘛的金册、金印，乾隆皇帝赐给的“涌莲初地”匾等，都是难得的稀世之宝。

# 拉萨甘丹寺

亦写作噶丹寺。坐落在拉萨市东的拉萨河南岸的王后岭上，距市区四十公里。这是喇嘛教格鲁派(黄教)创始人宗喀巴在拉萨修建的第一座寺庙，也是该派的六大寺院之一，规模宏大。寺内有宗喀巴生前坐过的法座、圆寂后安置肉身的灵塔，以及清朝乾隆皇帝的盔甲、明代皇室赐赠的丝绣神像。1961年，国务院把它列为全国重点文物保护单位。

甘丹寺始建于明永乐七年(公元1409年)，是宗喀巴和他继承人的住地。后经不断增修、扩建，使寺院拥有五十多组单元建筑。殿堂僧舍覆盖全山，远看状似山城。其规模相当于三个布达拉宫。可惜，1969年遭到了毁灭性的破坏。现寺庙已经重修。辉煌的殿堂与残破的废墟杂陈，别有一番景象。

措钦大殿是甘丹寺中最大的一座建筑物，可同时容纳三千名喇嘛。这是该寺僧人集会、礼佛、诵经的场所。殿中供奉着弥勒佛和宗喀巴的铜像。

护法神殿在措钦大殿的左侧。殿内有清朝乾隆皇帝镶满金、银、珠宝的盔甲，上面用满、汉、蒙、藏四种文字，写明了乾隆皇帝将盔甲送来供佛的经过。二楼，有安放着宗喀巴肉身的银制金塔。据记载，仅裹塔用的黄金，就耗去了青海省一年的税收。此外，这里还有明代皇室赠送的具有唐代风格的十六罗汉、四大天王绣像。

拉基大殿位于措钦大殿之旁。殿内有宗喀巴大师当年坐过的法座。法座上饰有五头金狮。座位上有金顶。金顶下放置着用金汁书写的藏经《甘珠尔》和《丹珠尔》。

甘丹寺建成后，宗喀巴任第一任赤巴（寺主）。之后，宗喀巴的法座继承人均任该寺赤巴。现在，甘丹寺内还有历代甘丹寺赤巴的灵塔。

# 拉萨哲蚌寺

哲蚌寺是积米寺的藏语名称，坐落在拉萨市西北的更丕乌孜山麓，距市区约十公里。这里曾是西藏地区的宗教活动中心，也曾是西藏地方政权的所在地。它是藏传佛教喇嘛教格鲁派六大寺院之一。1982年，国务院把它列为全国重点文物保护单位。

哲蚌寺始建于明永乐十四年（公元1416年），主持修建者是黄教创始人宗喀巴的弟子降央曲杰·扎西班丹。以后经过不断的维修、扩建，规模日渐宏大，殿堂更为雄伟。

哲蚌寺占地面积二十五万平方米。现存主要建筑有措钦大殿、噶丹颇章，以及扎仓（佛堂）四座、康村（僧舍）五十余座。这些建筑多以白色为主调，远看似米堆，积米寺的名称由此而来。

措钦大殿，面积一千八百五十多平方米。全殿有一百八十多根立柱，雄伟壮观。这是主体建筑。殿分四层：一层是僧众诵经或集会的场所；二层叫甘珠拉康，收藏着藏经《甘珠尔》；三层供奉宗喀巴像；四层供奉释迦牟尼佛像，两侧有银塔十三座。

位于哲蚌寺西南角的噶丹颇章，又名极乐宫、达赖宫殿，是一世至四世达赖喇嘛的住所和办公处。五世达赖喇嘛建立的噶丹颇章政权，在公元1643年

拉萨哲蚌寺

迁往布达拉宫之前，其办公机构就设在这里。此殿分前、后二部：前院为宫殿，后院为佛堂。此殿修建于明嘉靖九年(公元1530年)。主持修建者为二世达赖喇嘛根敦嘉措。

在哲蚌寺内，还保存着据说是释迦牟尼佛留下的圣物白海螺和经宗喀巴开光的强巴(弥勒)佛像，极为珍贵。

# 拉萨色拉寺

全名叫做色拉大乘寺。坐落在拉萨市北的色拉乌孜山麓，距市区五公里。它和哲蚌寺、甘丹寺，并称为拉萨三大寺，是藏传佛教喇嘛教格鲁派的六大寺院之一。寺内保存着明代皇帝赐予的金汁书写的《大藏经》等珍贵文物。1982年，国务院把它列为全国重点文物保护单位。

此寺始建于明永乐十七年(公元1419年)。因寺后山上盛产野玫瑰，藏语称野玫瑰为色拉花，故将寺名定为色拉寺。主持修建者为宗喀巴弟子降钦曲杰·原迦益西。后经不断维修，使色拉寺保存至今。

依山傍水的色拉寺，有措钦大殿(大法堂)一座，扎仓(佛堂)三座，康村(僧舍)三十二座。额定僧人五千五百人。

由一百八十根立柱支撑、面积达一千零九十二平方米的措钦大殿，建于清康熙四十八年(公元1709年)。这是色拉寺的主体建筑，高达四层。明永乐皇帝曾邀请宗喀巴入京讲法，但因年事已高，宗喀巴便派他的弟子、色拉寺住持降钦曲杰·原迦益西代他前去。原迦益西曾入京两次。明成祖封他为“妙绝圆通慈慧普应辅国显教灌顶弘善西天佛子大国师”，明宣宗封他为“大慈法王”。从此，色拉寺名声大振，在佛教界的地位也大大提高。明朝皇帝赠送的金汁写成的《大藏经》，旃檀木雕十六尊者像、大慈法王缂丝像，以及金、银、铜制法器、供器等，至今还妥善地保存在寺内。

## 日喀则扎什伦布寺

坐落在西藏自治区第二大城日喀则市西南的尼色日山麓。这是西藏地区两大宗教领袖之一班禅大师的住地，是藏传佛教喇嘛教格鲁派的六大寺院之一。寺内保存着唐代青铜佛像、世界上最为高大的强巴（弥勒）佛铜像、一世达赖和历代班禅的灵塔，以及许许多多的壁画和珍贵文物。1961年，国务院把它列为全国重点文物保护单位。

日喀则扎什伦布寺俯视

此寺的最初名称叫做康建曲批，藏语的意思是雪域兴佛。后更名为扎什伦布巴吉德钦却唐皆南巴杰娃林，藏语的意思是吉祥宏固资丰福聚殊胜诸方州。扎什仑布是它的简称，意思是吉祥须弥山。

扎什伦布寺始建于明正统十二年（公元1447年），是一世达赖喇嘛根敦朱巴，为纪念他的经师西饶僧格而修建的。最初寺院规模不大，僧人数量也不多，后经历代班禅，特别是四世、五世、六世班禅的增修或扩建，使扎什伦布寺得到了很大的发展。现在，这座寺庙占地面积十八点二公顷，建筑面积三十万余平方米，是著名的喇嘛教六大寺院之一，在全国的名寺中也榜上有名。

扎什伦布寺有脱桑林、夏孜、吉康和阿巴等四大扎仓（经学院），是僧众们学习显宗和密宗的地方。寺内的主要建筑有大经堂、汉佛堂、灵塔殿、强巴佛殿等。此外，还有密村（僧舍）、十世班禅夏宫德钦颇章和班禅堪布会议厅等建

日喀则扎什伦布寺

筑。寺外还有晒佛台。

大经堂又名措钦大殿。全殿由四十八根立柱支撑，可容纳两千人聚会。殿内有一张精雕细刻、镶满珠玉的班禅宝座。堂北有正室，左右有佛殿，分别供着释迦牟尼佛、弥勒佛和度母像。这是寺僧举行宗教活动的场所。

扎什伦布寺班禅额尔德尼却吉坚赞灵塔

高达三十米的强巴佛殿，位于寺的西侧。殿中分层，有楼梯可通。从上到下，依次叫做冠部殿、面部殿、胸部殿、腰部殿、莲花宝殿等。殿内供着一尊强巴（弥勒）佛铜坐像。像高二十二点四米，莲花座高三点八米。据记载，铸造这尊佛像，用去黄金六千七百两，黄铜二十三万一千七百五十斤。这样高大的铜佛像，不但是全国之最，而且也是世界之最。

灵塔殿是扎什伦布寺的一座神圣殿堂。殿中保存着一世达赖喇嘛和历代班禅喇嘛的灵塔。其中，以四世班禅喇嘛的灵塔最为高大：塔高十一米，塔身遍裹银皮。修建此塔时，用去黄金二千七百余两，白银三万三千多两，铜七万八千多斤，珍珠、玛瑙、宝石七千余颗。这是一件银光灿烂、光彩夺目的宝贵文物。

在汉佛堂的楼上，有清代故宫中的原作乾隆画像。在堂内，有唐代铸造的青铜佛像九尊。在寺中，还有元代留下的织品，明代留下的古瓷器，鲜艳夺目、难以数计的壁画和唐卡，以及古代的金、银、铜佛像、法器和供器。扎什伦布寺是一座珍藏丰富、价值很高的文物和艺术宝库，历来备受重视。

# 日喀则夏鲁寺

位于西藏自治区日喀则市东南的夏鲁村,距市区二十公里。这是喇嘛教夏鲁派(布顿派)的创始地。寺内保存着具有汉藏建筑风格的大殿夏鲁拉康和丰富的佛教文物。1988年,国务院把它列为全国重点文物保护单位。

夏鲁寺始建于宋元祐二年(公元1087年)。创始人为吉尊·西热穷乃。因寺庙建在青苗地里,藏语“夏鲁”即为青苗的意思,故以夏鲁作为寺名。后来,西热穷乃的后人吉尊·扎巴坚赞与掌领西藏地方政权的萨迦王朝联姻,并被任命为夏鲁万户长;扎巴坚赞又进京朝拜元仁宗,并得到了皇帝赏赐的金册、玉印,夏鲁寺的声名因此大振。不久,寺庙被洪水冲毁。元朝皇帝赐钱赐物,并派遣内地工匠与藏族同胞一起,于公元1320年重修了夏鲁寺。此时,西藏佛教史上的著名学者、高僧布顿,任该寺住持,并撰写了大量的佛学著作,创立了喇嘛教的布顿派,即夏鲁派。这样,夏鲁寺就成了古今闻名的一座藏传佛教——喇嘛教的重要寺院。

夏鲁寺的现存建筑,主要的就是一座大殿,即夏鲁拉康。四个扎仓和众多的僧舍,都已被村民们占用,不再属于寺庙管辖。

坐西朝东的夏鲁拉康,是一座高二层的具有汉藏风格的建筑物。下层,有主殿和左右配殿。主殿叫集会大殿,中间供奉着释迦牟尼佛像,两侧有八

日喀则夏鲁寺

大弟子像，四周有转经廊。左右配殿中，分别存放着《丹珠尔》和《甘珠尔》。上层，是一处由前殿、正殿和左右配殿组成的四合院。这是典型的汉族建筑布局。屋面上铺着绿色琉璃瓦，飞檐翘角，斗拱支撑，与中原地区的汉式建筑没有两样。墙上的壁画，体现了宋、元时期的风格。这是汉藏文化交流的结晶。

夏鲁寺的经板、铜坛、盆形巨石和咒语石板，被誉为“四宝”。经板由一百零八块檀香木雕成，上写一百零八字，拆后再难拼成。人们说，谁能得到这块经板印出的经文，谁就有好运。铜坛用红布掩口，上贴封条，十二年开启一次，坛中的水不臭不减。据说，坛中的水可洗去人生的一百零八种污垢。盆形巨石，据说是寺庙创建者用过的洗脸盆，下雨水满不溢。咒语石板，上刻“唵嘛呢叭弥吽”六个大字。据说这块石板是人们建寺时从地下挖出的，是一件受人尊崇的圣物。

## 萨迦县萨迦寺

位于西藏自治区萨迦县境内。这是藏传佛教喇嘛教萨迦派的创始地，也曾经是西藏地方政权萨迦王朝行政机关的所在地。寺内保存着许多珍贵的佛经、壁画和唐卡，还有十一座萨迦派法王的灵塔。1961年，国务院把它列为全国重点文物保护单位。

在藏语中，“萨”是土地的意思。“迦”是灰白色的意思。萨迦寺，就是一座修建在灰白土地上的寺庙。

萨迦寺分为北寺和南寺两大部分。北寺位于重曲河北岸的山上，南寺修建在重曲河南岸的平地上。

萨迦寺的北寺，始建于北宋熙宁六年(公元1073年)。其创始者是出生于佛教世家的昆·贡却结波。贡却结波的后人在这里创建了藏传佛教的萨迦派。萨迦派寺庙的围墙上，均有红、白、黑三色条纹。三色成花，所以萨迦派也被称为花教。后来，萨迦派的首领归服了蒙古贵族，并成为了西藏地方政权的管理者。这样，作为西藏地方的政教管理中心，萨迦寺得以大规模的扩建。公元1260年，萨迦派的继承人八思巴(公元1235—1280年)，被元世祖忽必烈尊为国师，赐给玉印。1264年，八思巴又担任了元朝总制院首领，管理全国的宗教事务。1270年，八思巴又被尊为帝师，封为大宝法王，领西藏十三万户。

此时，萨迦寺的发展达到了鼎盛时期。

公元1268年，人们又在重曲河南岸开始修建萨迦寺南寺。现在，北寺早已毁坏，唯有残垣断壁和密布的殿基遗址，还能表现它往日的辉煌。南寺尚存，仍可从事宗教活动，并供人游览参观。

高达十米的拉康钦莫，是萨迦寺南寺的主体建筑。面积五千五百平方米。全殿由四十根大木柱支撑着。其中的四根粗大者，一根叫做加拉色钦嘎拉，意思是元朝皇帝赐给的；另三根分别叫做公老虎拉的、野牦牛拉的、海神送的。

拉康钦莫殿中，壁画密布。这些壁画，有佛教故事，有萨迦五祖的巨幅画像，有萨迦四祖与忽必烈的儿子阔端会见时的情景，也有采石、拉土、打夯等修建萨迦寺的场面，很有历史价值。

拉康钦莫殿中的唐卡，大多是元代遗物。在这里，有卷轴唐卡，也有在别处看不到的圆轮画。唐卡的内容除佛教故事外，还有八思巴进京朝见元朝皇帝、回藏管理政教事务的故事图，同样具有很高的历史价值。

在此殿内，还保存着佛经四十多万卷，以及元朝政府颁赐的封诰、玉印、冠带、盔甲等，也有宋代的瓷器和历代的法器、供器。在欧珠拉康中，有萨迦派十一位法王的灵塔。这些，同样极为珍贵。

# 扎囊桑耶寺

坐落在西藏自治区扎囊县雅鲁藏布江北岸。曾名存想寺，俗称三祥寺。这是西藏佛教历史上第一个剃度僧人的寺院，也是藏传佛教喇嘛教宁玛派的一座重要寺院。寺内建筑按照藏传佛教的宇宙观布置，主体建筑乌策大殿具有汉、藏两族与印度的风格。1996年，国务院把它列为全国重点文物保护单位。

桑耶寺始建于土蕃王朝第五代赞普赤松德赞执政时期（公元742—797年）。一般认为，此寺建成于公元779年。据说，在初建之时，无论采取什么形式，寺庙都不能建成，赤松德赞只好从印度请来高僧莲花生。莲花生从手上变出了一座寺院，众人大惊，并按此模式建寺，终获成功。所以，桑耶寺的意思，就是出乎意料，或者是不可想象。

九世纪时，西藏禁止佛教传播，桑耶寺被迫关闭。十一世纪后半期，桑耶寺才重新开放，并成为宁玛派（红教）的重要寺院。七世达赖时重修。1945年，热振活佛主持整修。这就是今日尚存的桑耶寺。

桑耶寺的平面为一个圆形。周围有一圈高达四米的围墙，象征着佛教世界的铁墙。主体建筑乌策大殿，象征着佛教世界的中心须弥山。大殿南面的米玛庙和达娃庙，象征着佛教世界的日轮和月轮。大殿四角的白色、青色、绿色、红色琉璃塔，象征着佛教世界的四大天王。大殿四周的十二座殿宇，象征着佛教世界的四大部洲和八小部洲。因此,整个桑耶寺就是一座佛教宇宙观的立体模型。

在桑耶寺内,还有二十四座佛殿、晒佛台、赤松德赞妃子们的行宫曲姆林松(三妃宫),以及库房、厨房等建筑。离围墙不远,还有一圈麻呢廊洛墙。两墙之间还有转经道等建筑。

乌策大殿是桑耶寺中最高大、最壮观的建筑物。面积八千九百平方米。殿分三层。一层有经堂和佛殿。二层有佛殿和达赖寝宫。三层构筑特殊,殿中有双排回字形立柱。殿顶为金刚宝座式:中为三檐攒尖顶,四角的四座均为单檐攒尖顶。此殿的一二三层,分别为藏族、汉族和印度的工匠设计、施工,因此它们各具藏族、汉族和印度的建筑风格。

在桑耶寺的各座殿堂、回廊和甬道的墙壁上,随处都有壁画和唐卡。在这些精美的绘画中,有佛像、菩萨像和佛教故事,有当年的桑耶寺全图,有表现金城公主入藏后,汉藏两族友好交往的《宴前认甥图》,也有僧众们三人一组记录、校对、诵经、辨经图。内容之丰富,形式之多样,神态之生动,色彩之鲜艳,睹之令人叹息。

在乌策大殿的门廊内,还有一座唐代铸造的铜钟。钟上的铭文记述了藏王赤松德赞一家弘扬佛法的功绩。这也是一件难得的珍宝。

## 江孜白居寺

白居寺的藏文全称叫做吉祥轮上乐金刚鲁希巴坛城仪轨大乐香水海寺，简称班廓德庆，即吉祥轮大乐寺。但是，一般人不用它的简称，也不用它的全称，而是叫它班廓曲策，也就是吉祥轮寺。

白居寺位于西藏自治区江孜城西。这是一座藏传佛教多教派汇于一处的寺庙。寺内有构筑奇特的佛塔，有明代留下的十六罗汉泥塑像，有集中了我国艺术界江孜派精华的雕塑和绘画，古今闻名。1996年，国务院把它列为全国重点文物保护单位。

白居寺始建于明代初期，即公元十四世纪末、十五世纪初。创始者为当时江孜地方势力首领饶丹·贡嘎帕。公元1414年，由贡嘎帕的孙子曲吉饶登贡桑帕与一世达赖喇嘛共同扩建。以后再经不断维修，使白居寺保存至今。

白居寺三面环山，四周围墙环绕，墙上有垛口和敌楼，远看状似城堡。

白居寺内，有古巴、洛布干、西乃、拉刚等十七座扎仓。这些扎仓，分属于藏传佛教的萨迦派、噶丹派和格鲁派。这种多教派合一的寺庙，在西藏、在全国都是少见的。

白居寺有佛殿五座，即马林、荣康、甘登、巴久、凯居。而措钦大殿，却是该寺的主体建筑。

坐北朝南的措钦大殿，平面为十字形，高三层。一层有佛堂、经堂、正殿、

白居寺喇嘛做佛事讲经

东净土殿和西净土殿等，殿中分别供奉着强巴佛、三世佛、卢舍那佛和千手千眼十一面观音像。二层有拉基大殿、朗斋夏殿、登觉殿等。这是寺僧集会的场所。明代留下的十六尊罗汉泥塑像，就保存在这里。三层有夏耶拉康等。墙上绘有五十五个大小不等的坛城。

白阔曲登塔，亦称白居塔，建于公元1414年。塔内的塑像和壁画中的神像，有十万余尊，人们又叫它十万佛塔。塔中有佛龛、佛殿七十七间，所以又有“塔中寺”的美誉。塔高四十米，占地二千二百平方米。全塔由塔座、塔瓶和塔顶三部分组成。塔座分四层，四面有二十角，略有收分。塔瓶直径二十米，内有佛殿四间。塔内有壁画，塔外装饰精美。

在白居寺的各座佛堂、佛殿之内，佛像和壁画琳琅满目。这里的雕塑和壁画，是吸收了尼泊尔、印度、克什米尔和汉族、藏族的技法而创作出来的，汇集了我国艺术史上著名派别江孜派的精品。所以，白居寺是我国现存的独具特色的一座艺术宝库，深受专家、学者和广大游人的重视。

# 西安慈恩寺

位于陕西省西安市和平门外。寺内有闻名全国的唐代大雁塔和唐代石碑。1961年，国务院把大雁塔列为全国重点文物保护单位。

慈恩寺始建于唐贞观二十二年（公元648年）。这是唐高宗李治做太子时，为追念母亲文德皇后而兴修的。那时，它是一座规模宏大、殿堂雄伟、装饰华丽的皇家寺院，后虽经不断维修，但损毁仍相当厉害。现存的慈恩寺，仅为唐代慈恩寺的七分之一。

慈恩寺的现存建筑，主要有山门、大雄宝殿、法堂和大雁塔。钟楼、鼓楼和东西配殿，分列两侧。塔后，还兴修了陈列室，用图片、模型和现代化的音像设施，展示了慈恩寺的历史变迁和唐玄奘取经的艰难历程。

大雁塔，又名慈恩寺塔，位居寺的后部。此塔初建于唐永徽三年（公元652年）。原是一座高仅五层的土塔，后毁。长安元年（公元701年）重建，改为十层砖塔。由于风雨和战争的破坏，此塔又毁掉了三层。五代后唐长兴年间（公元930—933年）和明代嘉靖年间（公元1522—1566年），先后对此塔进行了维修。1949年后，又对此塔进行了多次修缮。现在，这座高达六十四米的七层楼阁式砖塔，依然屹立在西安市的南郊。

大雁塔的平面为方形。斗拱、栏额等均为仿木砖构。塔内各层，均有楼梯

西安慈恩寺山门

相通。每层四面均有砖砌拱门，可供人远眺。底层四面的门楣上，均有石刻的线条画。在西侧的门楣上，有殿堂图。这为研究唐代建筑提供了宝贵的形象资料。在南门两侧的龛内，分别立有唐太宗撰写的《大唐三藏圣教序碑》和唐高宗撰写的《大唐三藏圣教续记碑》。碑文均是唐代著名书法家褚遂良书写的。这两座唐碑，至今保存完好，是我国现存珍贵文物中的上品。

大雁塔是存放和翻译唐玄奘从西域取回佛经的地方。著名的《大唐西域记》，也是玄奘法师在这里写成的。因此，在中国历史和佛教历史上，慈恩寺都占有很为重要的地位。

# 西安荐福寺

位于陕西省西安市南门外友谊西路。寺内有一座高耸俊秀的唐塔——小雁塔，1961年被国务院列为全国重点文物保护单位。

此寺创建于唐文明元年（公元684年），是为唐高宗李治献福而建的，故名献福寺。天授元年（公元690年）更名为荐福寺。那时，寺内殿堂雄伟，香火旺盛。唐末战乱，荐福寺的香火一度衰落。宋、元、明、清时，寺内建筑几度维修，香火仍盛。1911年辛亥革命后，关中地区战事频繁，荐福寺两次沦为战场，殿宇毁坏严重。1949年后，殿堂已得修复，花木重萌新姿。寺内的主要建筑有山门、大雄宝殿、藏经楼、白衣阁、小雁塔等。

小雁塔建于唐景龙年间（公元707—710年），原为十五级密檐式砖塔。因塔是仿慈恩寺大雁塔而建的，且体量稍小，虽本名为荐福寺塔，但人们却把它称为小雁塔。明成化二十三年（公元1487年）关中地震，小雁塔从顶至基裂缝一尺余。嘉靖三十四年（公元1555年），关中再次地震，小雁塔塔顶二层倒掉。从那时直到今天，小雁塔便成了十三层，高度为四十五米。新中国成立后，小雁塔得到了维修，裂缝已得到加固。

荐福寺内，现还存有金明昌三年（公元1192年）铸造的一口铁钟和宋代碑刻，亦很珍贵。

西安荐福寺大殿

西安荐福寺山门

西安荐福寺钟楼

# 西安大兴善寺

位于陕西省西安市南门外。这是我国佛教密宗的发源地，也是隋、唐时期翻译佛经的三大场所之一。1961年，国务院把它列为全国重点文物保护单位。

此寺始建于公元三世纪，一般认为时间是在公元265—289年之间，初名遵善寺。隋开皇二年(公元582年)改为今名。唐会昌年间(公元841—846年)灭法，大兴善寺受损严重。后虽经历代修复，但其规模还是不如隋朝和唐朝前半期。1949年后，人民政府拨款对该寺进行了修复。大兴善寺获得了新生。

大兴善寺的主要建筑山门、天王殿、大雄宝殿、观音殿以及文殊殿、普贤殿、普同塔和钟楼、鼓楼等，多为近现代建筑。但是，它在中国佛教发展史上的重要历史地位，并没有因此而降低。

隋、唐时期，印度佛教密宗，通过六位印度高僧传入中国，其中影响最大者就是不空法师。不空，一说出生于北天竺，一说出生于狮子国(今斯里兰卡)，十五岁出家，后到我国洛阳、长安(今西安)讲经传法。在此时期，他曾回到印度学习密宗。回到长安后，他潜心于翻译佛经，传播密宗教义，对我国佛教的发展影响很大。唐代宗封他为开府仪同三司、肃国公，圆寂后被谥为大辩正广智不空三藏和尚。因此，大兴善寺，名贯中外。

# 长安兴教寺

位于陕西省长安县樊川之北，离省会西安二十四公里。寺内有唐代修建的玄奘大师和他两位弟子的墓塔，全国闻名。

此寺始建于唐总章二年（公元669年）。玄奘法师（公元602—664年）在宜君玉华宫圆寂后，先葬于西安浐河岸边，公元669年迁葬于此，修塔建寺。唐肃宗为塔题额“兴教”二字，寺因此得名。大和二年（公元828年），重修寺院。由于年久失修，到清同治年间（公元1862—1874年），兴教寺除三座唐塔外，其余建筑全部毁圮。1922年、1939年两度修复。1949年后，又多次维修。古寺现已恢复旧观。

兴教寺的建筑，分为东跨院、中院和西跨院三大部分。东跨院又叫藏经院。院中的藏经楼内，存有佛经数千册。中院有正殿、钟楼、鼓楼、方丈室和僧舍等建筑，是寺僧居住和从事宗教活动的场所。西跨院又叫慈恩塔院。院中有玄奘法师和他的两位弟子窥基、圆测的墓塔各一座。玄奘墓塔居中，砖砌，五层，高二十余米。窥基塔和圆测塔分列两侧，略小。离塔不远，有塔殿三间。殿内陈列着三位法师的石刻像和像赞。其中《玄奘负笈图》是珍贵的历史资料，历来受人重视。

# 长安香积寺

位于陕西省长安县境内，距省会西安十七公里。寺内有我国佛教净土宗实际创始人善导大师的墓塔，驰名海内外。

香积寺始建于唐神龙二年（公元706年），后被战火烧毁。北宋重修，并曾于太平兴国三年（公元978年）更名为开和寺。不久，又恢复了香积寺的原名。尽管历代均有维修或扩建，但到1949年时，此寺仅余唐塔两座、清代修建的大殿三间及数量有限的僧房。1979年大修，重新修建了大雄宝殿等重要建筑，使香积寺初具规模。

善导大师塔，是专家们公认的一座唐塔。塔原为十三层的方形砖塔，由于顶部毁坏了二层，现存十一级，高三十三米。塔的周围，有十二尊半裸的浮雕像。一层南门的门楣上，还有清代乾隆时（公元1736—1795年）刻写的“涅　盛事”四个大字。塔东，还有一座唐代的砖砌小塔，是善导弟子的墓塔。

善导大师（公元613—681年）曾到山西交城玄中寺，向道绰法师学习净土宗。回到长安后，他不但讲经传法，还写下了《往生礼赞》等著名的净土宗佛学著作。善导大师倡导比较简单的修行方式：只要一心专念阿弥陀佛，便可往生西方净土——极乐世界。净土宗得以广泛传播。公元八世纪，净土宗随日本来华求法僧传入该国，并创立日本净土真宗。因此，我国和日本僧人，尊善导为净土宗实际创始人。日本僧人将交城玄中寺和香积寺，尊为净土宗的祖庭。

# 户县草堂寺

位于陕西省户县的草堂营村，距省会西安市五十公里。这是我国历史上一处重要的佛经翻译场所。寺中的鸠摩罗什舍利塔，古今闻名。

草堂寺的始建时间，史书和碑文均无记载，现已无从确知。但早在南北朝时期，这里就是后秦国王姚兴的御苑——逍遥宫的一部分。公元401年，被姚兴尊称为国师的名僧鸠摩罗什，已在这里居住、传法并翻译佛经。此时，这里当已有了寺庙。从唐朝起，草堂寺曾多次重修。但因年代久远，草堂寺的建筑毁坏厉害。山门、碑亭、天王殿、大雄宝殿等，均为近现代的建筑。

鸠摩罗什舍利塔，又叫八宝玉石塔。它是公元413年鸠摩罗什圆寂后，由他的弟子们初建、唐代重修的。塔为八角形，高三米多，是人们用玉白、乳黄、淡红、砖青等八种颜色的大理石镶砌而成的。塔基为须弥山形。从塔基往上，依次有：三层流云装饰；八角形龛，各面均雕门窗；塔盖，盖下刻有佛像。全塔构筑精巧，形态玲珑，是历代舍利塔中的一件精品。现此塔矗立在一座塔亭之内。

鸠摩罗什是我国古代的一位高僧，精通梵文和汉文。在草堂寺居住期间，他和他的弟子们翻译了佛经九十七部，四百二十五卷。《法华经》、《金刚经》、《阿弥陀经》等佛教经典，就是他们的译作。鸠摩罗什翻译经书，采用了音译的办法。用这种译法译出的经书，不但意思更为准确，语言也更生动。因此，他对我国古代翻译事业的发展做出了重要的贡献。

# 蓝田水陆庵

在陕西省蓝田县普化镇王顺山下，距省会西安五十公里。它以数量众多、保存完好的明代彩色泥塑群像著称于世。1996年，国务院将它列为全国重点文物保护单位。

蓝田水陆庵南靠秦岭，北靠凤凰山。蓝水三面环绕。水陆庵就处在蓝水环抱形成的鱼形小岛的尾部。它虽然地处北国，却具有江南水乡的秀色。

蓝田水陆庵原是隋朝悟真寺的水陆殿。唐初，开国元勋尉迟敬德曾经监修。明嘉靖四十二年（公元1563年）至隆庆元年（公元1567年）大修，并重塑了庵内的彩色泥塑群像。明万历三十年（公元1602年）、清道光二年（公元1822年）、民国九年（公元1920年），曾先后重修。1949年以后，又进行了修葺，使水陆庵的各类建筑和彩色泥塑群像依旧完好。

蓝田水陆庵水陆庵横匾

水陆庵由山门、前殿、中殿、

后殿和配殿等建筑组成。院中植有花草树木。山门后圆形水池莲座上的一尊观音玉石立像，神态慈祥，引人注目。

后殿又称大殿，正名叫做诸圣水陆殿。这是水陆庵的主体建筑。五彩缤纷的明代彩色泥塑群像，就保存在这里。

这是一座单檐歇山顶式的殿堂建筑，面宽五间。殿内四壁和立柱、横梁、卧枋乃至柱头上，布满了泥塑、壁塑和悬塑。为扩大彩色泥塑像的布置面积，殿内还增设了中隔正壁、北隔壁和南隔壁。全殿共有各类大小彩色泥塑像三千七百余尊，堪称我国古代雕塑艺术宝库。

在中隔正壁前面，塑有阿弥陀佛、释迦牟尼佛、药师佛像等三世佛像，背面塑有观音、文殊、普贤等三大菩萨像。北隔壁正面和背面，分别塑有地藏王菩萨和观音菩萨像。南隔壁正面和背面，分别塑有药王菩萨、古代十大名医和欢喜佛像。东墙塑有报身佛卢舍那佛、应身佛释迦牟尼佛、法身佛毗卢佛像，及佛教教主释迦牟尼、儒教教主孔子、道教教主老子的神像。西墙塑有摩耶夫人说法故事图。南墙和北墙的第一层，分别塑有二十四诸天像中的十二尊，第二层分别塑有过海的二十五尊罗汉像。三层以上，北墙壁塑入胎、托胎、降生等佛本生故事图，南壁塑涅槃等佛传故事图。此外，殿内壁塑还有善财童子五十三参图，以及牡丹、小鹿、龙、虎、狮等瑞草瑞兽和楼台亭阁等图案。

水陆庵的泥塑群像可谓琳琅满目。其中，最大者高五点六三米，最小者高仅五厘米。这些塑像，有单体的，有群体的，还有连环图式的。它们既单独成章，又互相联系。佛为主尊，居于显眼的重要位置，菩萨次之。这些，充分体现了佛教教义。佛像神态庄严，菩萨像雍容华贵，罗汉像等又多少带有几分生活气息。可见，水陆庵的彩色泥塑群像，既充满了浓郁的宗教气氛，同时又具有很高的艺术价值，是我国古代雕塑中的佳品。

## 扶风法门寺

坐落在陕西省扶风县城北的法门镇上，距县城十公里。寺内的塔下地宫，珍藏着佛祖释迦牟尼指骨真身舍利，为世界级文物；其他高等级的金银法器、供器等，均具有极高的历史价值。这里是我国珍贵文物的一座宝库。

扶风法门寺佛指舍利影骨

此寺始建于东汉桓帝、灵帝时期（公元147—188年），初名阿育王寺。隋代更名为成实道场。唐代大加扩建，使之成为一座拥有二十四重院落的皇家寺院，并先后更名为法门寺、法云寺、重真寺。明代改称崇真寺。以后复名为法门寺。由于年久失修，法门寺的地面建筑所存不多，唯法门寺塔仍然是它古老寺院的见证。

法门寺塔又叫真身宝塔。始建年代不详。东晋太元十二年（公元387年），首次开启地宫，迎取佛骨供奉。唐贞观五年至显庆五年（公元631—660年），人们在地宫上建四层

扶风法门寺

木塔一座。明隆庆三年(公元1569年)塔被毁。万历七年至三十七年(公元1579—1609年),人们在墓塔的基址上,建八角十三层、高四十七米的砖塔一座。清朝末年、民国初年,由于地震等原因,塔身裂缝。1981年8月24日,塔在阴雨中倒掉了半边。1987年修复。

人们在清理塔基时发现的塔下地宫,面积三十一点八四平方米。地宫由踏步、漫道、平台、通道、前室、中室、后室和后龛等部分组成,用大条石和青砖砌筑。在地宫中,人们发现了释迦牟尼佛指骨金骨(真身舍利)一枚。影骨(供奉舍利)三枚,以及唐懿宗赠送的保存供奉舍利的八重宝函。除此之外,还有金塔、金棺银椁、玉函和迄今为止发现的等级最高的法器,两面十二环金花银锡杖。此外,地宫中还保存着两面六环铜锡杖、两面十二环纯金锡杖、鎏金银浴佛盆和鎏金银茶碾等。这些都是我国古代珍贵文物中的极品。

法门寺的塔下地宫,在隋朝还开启过一次,在唐代先后开启七次。然而,从那时以后,人们再也没有开过地宫,也再没有供奉过佛指舍利。因此,在一千多年后,1987年的发现,真是一件了不起的奇迹。

# 甘肃夏河拉卜伦寺

位于甘肃省夏河县境内，离城一公里。这是藏传佛教喇嘛教格鲁派的六大寺院之一。寺内建筑雄伟，珍藏文物丰富。1982年，国务院把它列为全国重点文物保护单位。

拉卜伦寺始建于清康熙四十八年（公元1709年）。后经不断维修，寺内建筑保存尚好。

藏文的意思，“拉卜伦”是佛宫的所在地。因此，拉卜伦寺规模很大，占地一千二百余亩。全寺有六大扎仓（学院）、十八拉康（佛寺）、十八囊欠（活佛公署）、两座经堂，以及辩经坛、印经院、藏经院、经塔和一万多间僧舍。全寺殿堂重叠，屋瓦辉煌，一片金光灿烂，一片梵宫佛国的景象。

扎仓是喇嘛们学习的地方。铁桑浪瓦扎仓（闻思学院），学修显宗教义。居万巴扎仓（续部下学院）和居多巴扎仓（续部上学院），学修密宗。丁科扎仓（时轮学院），学修天文。曼巴扎仓（医药学院），学修医药。季多扎仓（喜金刚学院），学修法事。在这六大扎仓中，以铁桑浪瓦的规模最大。这座扎仓，分前殿、正殿和后殿三个部分。前殿供有松赞干布神像。正殿由一百四十根立柱支撑，殿前悬有乾隆皇帝题写的“慧觉寺”匾，殿顶装饰着金羊、金轮和宝瓶等。殿内可同时容纳四千人集会。

夏河拉卜伦寺全景

夏河拉卜伦寺一部分俯视

夏河拉卜伦寺一角

夏河拉卜伦寺唐卡

在十八座拉康中，以寿禧寺规模最大。这是全寺最高的一座建筑物，高二十米。殿内供奉着释迦牟尼佛像。殿顶金龙盘绕，墙边雄狮蹲伏。殿中还排列着四座白色喇嘛塔。全殿宗教气氛非常浓厚。

拉卜伦寺的建筑，具有汉藏两族的风格。布局和造型都非常讲究。据说，房顶上的一片镏金铜瓦，就相当于六十四头羊的价格。殿内收藏的六万多卷佛经，以及有关历法、哲学、历史、音乐、医药、美术和藏文文法等文书典籍，更是无价之宝，历来受人重视。

# 张掖宏仁寺

俗称大佛寺、卧佛寺。在甘肃省张掖市城内。寺中保存着全国最大的室内卧佛像，遐迩闻名。

宏仁寺始建于西夏永安元年，即宋代元符元年（公元1098年），初名迦叶如来寺。明永乐九年（公元1411年），敕赐宝觉寺名。清康熙十七年（公元1678年）更名为宏仁寺。

宏仁寺的规模原来很大，有天王殿、金塔殿、过殿、配殿、牌坊等建筑。由于年久失修，寺宇毁坏甚多，现仅存大佛殿、藏经楼、土塔等建筑物。

大佛殿面宽九间，四十八米；进深七间，二十四米；面积一千三百七十平方米。殿内正中供奉的释迦牟尼佛右侧卧涅　像，长三十四点五米，肩宽七点五米，耳长二米有余。这是一尊木胎泥塑像，全装彩绘。佛像神态安详，双目半睁半闭，正如殿中对联所写："视之若醒，呼之则寐。"涅　像的两侧和背后，有十大弟子和十八罗汉像。墙壁上的壁画，除金刚像外，还有道教题材和《西游记》故事图等，体现了佛教与道教的交流与融合。

土塔雄伟。塔在1927年的张掖地震中毁掉了塔顶。现群鸦聚集于上，为古寺平添了古朴气氛。

## 青海湟中塔尔寺

塔尔寺坐落在青海省湟中县鲁沙尔镇莲花山的山坳中，距省会西宁二十六公里。这是藏传佛教喇嘛教格鲁派的六大寺院之一。寺中不但建筑雄伟，壁画、堆绣和酥油花，被人们誉为“三绝”。1961年，国务院把它列为全国重点文物保护单位。

塔尔寺大金瓦寺大殿

塔尔寺的藏文名字叫做衮本贤巴林，意思是十万狮子吼佛像的弥勒寺。据说，元至正十七年（公元1357年）十月十日，当宗喀巴在这里诞生时，在剪断脐带的滴血处长出了一棵白旃檀树，树上有十万片树叶，每片树叶都现出了一尊狮子吼佛像。其佛学造诣高深，写下了《菩提道

次论》、《密宗道次论》等经典佛学著作，并对藏传佛教喇嘛教进行了改革，创立了善规派（亦称格鲁派、黄教）。这样，他便成了喇嘛教格鲁派的创始人，他的诞生地也就成了佛教圣地。在他圆寂后，他的两位弟子继承了法位，以后逐步形成了众所周知的达赖、班禅转世制度。嘉靖三十九年（公元1560年），人们在莲聚宝塔之旁建寺一座。由于塔寺并存，且先建塔，后修寺，所以将它取名为塔尔寺。明万历十一年（公元1583年），人们又遵照三世达赖喇嘛的要求，在莲聚宝塔的旁边，建弥勒殿一座。以后，经过人们的不断增修、扩建，使塔尔寺变成了一座规模宏大的全国名刹。

塔尔寺占地十四万二千多平方米。这座顺山而建的寺庙，殿宇重叠，布局灵活。其主要建筑有大金瓦殿、大经堂、显宗经院、弥勒殿、金刚殿、释迦殿、文殊殿、密宗经院、医明经院、时轮经院、小金瓦殿、长寿殿、八大如来宝塔等。此外，寺内还有时轮塔，过门塔，上、下酥油花院和僧舍等建筑。

大金瓦殿是塔尔寺的主体建筑。这座殿堂不但建筑雄伟、装饰华丽，而且殿内供奉的银壳神变大灵塔，是佛教界的圣物。塔座为纯银建造。塔身外镶黄金和各种珍珠宝石，光彩夺目。塔身中部的神龛内，供奉着一尊宗喀巴的药泥佛像。龛前，有金灯、银灯、铜灯，也有大象牙、古瓶等供器。

由一百六十八根立柱支撑的大经堂，位于大金瓦殿之前，是全寺喇嘛礼佛、诵经的地方。在殿内四壁的佛龛中，供有宗喀巴的镏金铜像上千尊。

八大如来宝塔，位于山门内的广场上。这八座塔，代表并赞颂着释迦牟尼佛的降生、初转法轮等八项功绩。

塔尔寺中除了建筑、神像和各种佛经、法器、供器之外，壁画、堆绣、酥油花题材丰富，技艺高超，历来为人称道。壁画布满了全寺各个殿堂、走廊的所有墙壁，乃至横梁和立柱上，绚丽多彩，光辉灿烂。堆绣是人们将彩绸剪成各种形状，或似人，或状物，内填棉花或羊毛，形似浮雕。酥油花是艺僧们在洁白的酥油中加上各种矿物颜料，在低温的环境中捏塑出人物、花木、鸟兽、虫鱼、楼台亭阁等形象，再根据故事的需要，构成一组又一组的画面。如佛教故事、历史故事，《文成公主入藏图》便是其中的代表。这些艺术作品，不但手法独特，造型多样，而且艺术性强、感染力大，从古到今，一直受人青睐。

# 银川承天寺

位于宁夏回族自治区首府银川市旧城的西南。寺内保存着我国唯一的一座有建造时间的西夏砖塔，甚为珍贵。

公元1050年，西夏王朝（公元1032—1227年）的开国国君赵元昊去世，其子赵谅祚继位。赵元昊的皇后为追悼丈夫、保佑儿子，命人建寺一座，并取承天顾命之意，将寺庙定名为承天寺。那时，寺内殿堂林立，佛塔高耸，蔚为壮观。元末明初，寺内殿堂皆毁，唯古塔尚存。明洪武（公元1368—1398年）、成化（公元1465—1487年）、万历年间（公元1573—1620年），先后整修。清乾隆三年（公元1738年），包括砖塔在内的承天寺所有建筑，在地震中全部被毁。嘉庆二十五年（公元1820年），人们按原来的规模和形式，重修了承天寺塔。以后，特别是1949年后，人们对承天寺进行了修复。现在，该寺已初步恢复了旧貌。

坐西朝东的承天寺，可以分为前院和后院两大部分。前院有五祖殿、承天寺塔。后院有韦驮殿、卧佛殿等。

承天寺塔又名西塔。这是一座八面十一级的楼阁式砖塔，高六十四点五米。塔内呈方形，有楼梯相通，人们从东门进入后可直达塔顶。塔外，一层至三层不设窗洞；四层至十层，交替设置窗洞；偶数层东西设窗，奇数层南北设窗；顶层设圆形大窗，便于人们远眺。除窗洞之外，各层均有佛龛。塔顶亦为八角形，用绿色琉璃瓦建造，秀丽端庄。全塔下大上小，呈锥形，玲珑轻盈，大方美观。

# 乐都瞿昙寺

位于青海省乐都县城南，距县城二十六公里。这是我国西北地区少有的一处明代建筑群。寺内保存着明代壁画和皇帝赐给的金印和象牙图章等珍贵文物。1982年，国务院把它列为全国重点文物保护单位。

瞿昙寺原是藏族的一处部族佛堂，创始人为三罗喇嘛(海喇嘛、黑喇嘛)。明洪武年间(公元1368—1398年)，三罗喇嘛曾说服青海境内的藏族部落归服明朝，朱元璋对此非常高兴，并亲笔题写了“瞿昙寺”匾。现在，这块大匾依然挂在瞿昙寺殿殿前。之后，明成祖朱棣派遣钦差大臣，对瞿昙寺的扩建进行监督。明宣宗朱瞻基下令，继续扩建瞿昙寺。这样，瞿昙寺得到了很大的发展。清雍正(公元1723—1735年在位)以后，寺庙逐渐衰落。1949年后，此寺又得到了全面保护，殿堂等建筑得到了妥善的维修，使之再现了旧貌。

瞿昙寺坐西朝东。山门、金刚殿、瞿昙寺殿(前殿)、宝光殿(中殿)、隆国殿(后殿)等，位居中轴线上。护法殿、三世殿、前后钟楼、前后鼓楼等排列两侧。

隆国殿是瞿昙寺中最后、最大的一座建筑物。殿内有僧众取水供佛的泉池，池上有一座高九尺、连底座共四层的泉神堂。这种殿中再建堂的布局，全国少有。

在隆国殿中，还保存着明代皇帝赐给的金印和象牙图章。在厢廊(俗称七

乐都瞿昙寺全景

乐都瞿昙寺山门

十二间走水厅）中，保存着色泽鲜艳的明代壁画四百多平方米。在寺内，还保存着明代的石碑七座，清代的石碑三座。在卷鼻石象背上的云朵中，驮着一面木鼓，人称象背云鼓。这是一件在他处难见的古代文物，至今还安放在隆国殿内。

# 港、台地区

## 香港大屿宝莲寺及天坛大佛

宝莲寺坐落在香港大屿山的中部，昂坪山凹之间，四面群山环抱，冈峦起伏，景色极佳。其南面的凤凰山是观看日出的好地方，因此常有人来寺里住歇。宝莲寺创建于1924年，虽仅有七十八年的历史，但建筑规模之大，地形环境之优美，在香港来说是非常难得的，因而有“南天佛国”之称，被称之为香港四大禅林之首，是香港规模最大，环境最佳的佛教寺院。

由于寺院处于群山环抱的山凹之间，当人们进入山凹入口之后，豁然开朗，一片开阔的坪地展现在眼前，有如柳暗花明又一村之感，真可说是天造地设的佛国境界。在寺前有一座三间四柱三楼的冲天柱式石牌坊，牌坊正中横刻“宝莲禅寺”四字匾额。过牌坊之后，有一林阴通道通向寺门。这一寺门(山门)的形制很有特点，它的下部为一高大的台座，台下辟了三道券洞门。台座上四周有石栏围绕，台子正中建单檐歇山式大殿三间。此殿的功能甚有特色，它既是山门，又是一座韦驮殿，因而在它的前面悬挂“宝莲禅寺”的匾额，是山门，而后面则悬挂了“韦驮殿”的匾额，此种形制堪称创造。过韦驮殿寺门之后，有一个甚是宽大的广场，广场两侧均有配殿。广场的正面即是寺的主殿，大雄宝殿。大殿的规格甚高，面宽七间，重檐歇山顶，用黄琉璃瓦铺盖，下面衬托着高大的青石台座、白石栏干，显得甚是华丽壮观。大殿两旁和

香港大屿宝莲寺鸟瞰

香港大屿宝莲寺山门

后院的殿堂廊庑很多，寺周还有僧房客舍以及其他服务设施，不愧为香港第一禅林。

在寺的前面左前方，有一座高数十米的山峰，形似僧人敲击的木鱼，因而称之为木鱼山。进得山来，从右侧抬头上望，只见一座高大的佛像高耸半空。当晴天的时候，蓝天白云，有如矗立九霄，雾天则烟云缥缈，有如人间天界。此佛像为释迦如来佛，全部用铜铸制，高三十四米，在香港回归祖国之前落成，因其仿北京天坛而建，命名为天坛大佛，在当时被称之为世界最大的铜佛。佛像面北而坐，据策划此铜佛的香港志莲净苑的宏动法师说，这是含

香港大屿天坛大佛

香港大屿天坛大佛
内部陈列壁画

有盼望香港早日回归之意。

此大佛除了精美的铸制工艺之外，还有很多的内容。在象征北京天坛的三层基座之内，设有很大的展厅，布置了各种佛教艺术和壁画书画等陈列。其中有一口大钟，上刻佛像经文由电脑控制敲打，每隔七分钟敲打一次，共敲一百零八次，据说是以“解除人间一百零八种烦恼”云云。天坛大佛从1989年策划开始，到1995年完成，共经历了六年的时间，终于以其北望祖国迎来了香港的回归。现在和他地上地下的设施一起与宝莲禅寺构成了香港“南天佛国”的巨大佛寺景观。

（黄彬编写）

## 台湾鹿港龙山寺

龙山寺位于台湾彰化县鹿港，是台湾省佛教寺院中现在保存年代最早而又完整的保存下来的佛寺之一。不仅规模宏大，而且艺术价值很高，已被列为了一级古迹。在台湾有两个龙山寺，均建于乾隆时期，另一处在台北艋舺，但整个寺院建筑为后代重修，历史、艺术价值已经远逊了。

鹿港龙山寺，创建于清乾隆五十一年（1786年）。其后虽经嘉庆、道光、咸丰多次维修，但整个布局与形制未改。原结构与雕饰也保存了原状。寺的平面整齐对称，坐东向西，中轴线上的主要建筑为山门、五门、戏台、拜亭、大殿、后殿等所组成。中轴线的两侧均有配殿廊庑，建筑数量甚

鹿港龙山寺大殿转角斗拱雕刻

鹿港龙山寺大殿龙柱及垂花兰雕刻

多，进深很大。山门为重檐歇山式，进山门之后，是一铺石的宽阔庭院，气势甚是宏大。庭院正中为第二进大门，因其面宽五间所以又称之为五门。门的屋顶形制也很隆重，当中三间屋顶高耸，两旁两间左右低下，构成高低起伏的形势。五门之后，建有戏台与之相连。此一戏台结构与形制均为非常复杂而又有变化的设计，面对正殿广场的一面，向上反翘卷起，以利用看戏者的视线。戏台之内有八卦形的藻井与天花，由十六组斗拱，五级层层挑出承托而成，被称之为台湾古戏台之杰作。正殿为重檐歇山式屋顶，其前有三开间空敞的拜亭以为信众们进行礼佛祈拜之用。殿内所供观音菩萨像也有特点，其背光为纯形火焰，金身，是否原物，不得而知。后殿祀在日本侵占时期被火烧毁而重建，已非乾隆原物。但原比未改内祀北极大帝也非佛教中所有。

鹿港龙山寺，在台湾古建筑中被专家们评为寺庙建筑之“第一佳构”，无论从建筑的平面布局或木结构组合来说都有其独特的创意，戏台的结构尤有独到之处。木、石雕刻艺术，更是龙山寺建筑艺术的精品。因鹿港在乾隆时期为台湾之港，砖木石材大都从内地运来，选材十分精良，工匠也来自内地福建等地，技艺高超。木雕方面，细致而又不流于繁琐，斗拱梁枋均有精美之雕刻，尤以檐下挑出之垂花柱雕刻得十分精丽，雕刻成垂莲、垂珠、垂瓜等等造型，特别是当心间檐下所雕的垂花兰精雕细刻，备极工丽。石雕方面以五门和大殿前之龙柱最为突出，云龙盘绕于石柱之上，张牙舞爪十分生动，被誉之为台湾古建筑石雕中之佼佼者。

（黄彬编写）